Watanabe shoichi
渡部昇一

『貞観政要』に学ぶ

上に立つ者の心得

Tanizawa Eiichi
谷沢永一

致知出版社

はじめに

唐の太宗《たいそう》には親しいものを感じている、と言ったら不遜に、あるいは奇妙に聞こえるかもしれない。しかし、書を習った人ならわかってくれると思う。

ここ二十数年、私は友野浅峰先生について書を習っている。何しろ極端に練習不足の弟子で先生の名をあげるのは恥ずかしいが、太宗の字が素晴らしいことぐらいはわかるようになった。

太宗の拓本の臨書をやっていると、その人のスケールの大きさが何となく感じられるのである。弘法大師《こうぼうだいし》の字の素晴らしさとは別種の素晴らしさがある。太宗は王《おう》羲之《ぎし》の筆蹟を集め、自分も書を能《よ》くしたのである。素人《しろうと》の私から見れば、太宗の字のほうが二王（王羲之とその子王献之）の字よりもゆったりと大きい感じがする。

太宗の臣下には虞世南《ぐせいなん》、褚遂良《ちょすいりょう》、欧陽詢《おうようじゅん》などがいるが、こうした人たちの字は端正温雅で、こんな楷書が書けたら嬉しいと思っている。太宗やその臣下の拓本を真似して書いたことから、貞観の時代は私には何かしら身近に感じられるのだろう。『貞観政要《じょうがんせいよう》』について対談本でもつくってみないかと最初にすすめて下さったのは徳間書店の岩崎旭氏（現・李白社社長）であった。しかし当時、山本七平氏が『貞観政要』について説かれていたので、私は遠慮した。そして遠慮しておいてよかったと思う。

というのはこのたび谷沢永一先生との対談の企画が出たとき、原田種成《たねしげ》博士の業績を知ることになったからである。原田博士の仕事を知らずに『貞観政要』を語ったら、それは恥をかくことにほかならない。太宗の本当の姿は原田博士の本文校訂版、ドイツの文献学者のいうクリテッシェ・アウスガーベ（厳密な本文批判を経た校訂版）によってのみ、明らかになるからだ。

対談に先立ち、この点についての御教示をいただいた谷沢先生に感謝したい。

ところで、最近書庫の整理をしていたら原田博士の『貞観政要の研究』を自分が持っていたことを発見した。この本は今では入手し難い。つまりカタログやインターネットで出てもすぐに売れてしまってなかなか買えない本とのことである。以前に岩崎氏から話があった頃から『貞観政要』には関心があり、それに関連する文献は目につき次第ぽつぽつ集めていたので、その中に原田博士の本もあったことになる。しかし、すぐに読めるという種類の本でもないので、いつのまにか書庫のどこかに埋もれていたのだった。

『貞観政要』は儒学のエッセンスを実践的にしたものである。儒学自体が統治者側の学問であると言えようが、統治者側の中の最高統治者に対してのみ教えているのは『貞観政要』である。明らかにこの本を重んじた北条幕府や徳川幕府は十数代続いたのに、明らかにこの本と関係のなかった織田氏や豊臣氏の時代が短かかったのは偶然でないであろう。

現代の政治システムは選挙にもとづいているので、その精神はすでに貞観政要的になっている。むしろ『貞観政要』が必要なのは企業のトップであろう。「守成」は「創業」よりもある意味では難しいことを唐の太宗とその家臣たちは明らかにしてくれた。われわれの対談が何らかのヒントを提供することができれば幸甚である。

本書の企画を下さった藤尾社長と、その実行面を担当された柳澤さんとそのスタッフに御礼申し上げます。

平成二十年四月　主権回復の日に

渡部昇一

上に立つ者の心得　『貞観政要』に学ぶ＊目次

第一章　リーダーの必読書『貞観政要』

第二章 王と諫臣の奇跡的な関係

第三章　強固な国づくりの根本理念

第四章　「公平第一」が成功する人材登用の秘訣

第五章　現実を見失わないための心がけ

第六章　永続の工夫と実践

装幀――川上成夫
カバー・本文写真――村越　元
編集協力――柏木孝之
臼倉和夫

●『貞観政要』に登場する主な人物

太宗（たいそう・五九八〜六四九／在位六二六〜六四九）

唐朝の第二代皇帝。姓は李《り》。諱《いみな》は世民《せいみん》。高祖李淵《えん》の次男。幼少の頃、すでに「龍や鳳凰《ほうおう》の姿を有し、成人後は世の中を治めて民衆を安心させるだろう」と言われていたというエピソードがある。六一七年に父の李淵が太原で挙兵すると、右領軍大都督として進軍し、長安を平定するなど、武将として天才的才能を発揮。隋末から唐初にかけて各地の群雄を次々に平定していった。六二六年六月、長安宮廷内の玄《げん》武門《ぶもん》で、対立していた兄の皇太子・李建成《けんせい》と弟の李元吉《げんきつ》を殺害（玄武門の変）。同年八月に高祖から帝位の譲位を受け、即位して太宗となる。以後、側近の諫臣《かんしん》たちとともに善政を敷いて唐王朝の基礎固めを行い、シナ史上最高の名君と称えられる。

魏徴（ぎちょう）

幼少の頃に孤児となる。大志を失わず出家して道士となり、学問をしながらチャンスの到来を待った。隋末の大乱をきっかけに高祖李淵に仕え、皇太子・李建成の側近となる。玄武門の変で李建成が太宗李世民に殺されたあと、太宗の目の前で「もし皇太子が私の言葉をお聞き入れくだされば、今日のような禍いはなかったでしょう」と言い放ち、太宗を仰天させ、諫議大夫《かんぎたいふ》に大抜擢される。国家運営に才能を発揮し、太宗はしばしば寝室にまで招き入れて政治のやり方を訊《たず》ねるほど重用した。貞観十七年に亡くなった際には、太宗自ら葬儀に出席し、声を上げて泣き悲しんだという。

房玄齢（ぼうげんれい）

隋に仕えていたが、ある事件で罪を問われ、左遷される。太宗が渭北地方（現在の陝西省）を攻めて制圧したときに陣営に駆けつけ、面会を求め、意気投合。旧知の仲のように親しくなった。以来、太宗の腹心として中書省（機務・詔勅を司る官署）の長官、尚書左僕射（尚書省の次官）となり、十五年間もの長きにわたって宰相として官僚を統括した。貞観十三年には皇太子の教育係を務めるほど太宗の信頼は厚く、年老いてから何度も辞職を願い出るが、「公のように良臣を失うことは左右の腕を失うようなものである」といわれ、許してもらえなかったという。

杜如晦（とじょかい）

太宗が李世民時代に封ぜられた秦国の王府の属官となり、のち陜州（現在の河南省）総官府の次官となる。房玄齢に「聡明で見識があり、帝王の補佐としての才能のある人物」として推薦され、秦王府の属僚となり、本営に参画するようになった。軍政と国政に才能を発揮し、のち皇太子侍従官から兵部尚書となり軍政をつかさどった。さらに尚書左僕射となり官吏の採用を担当した。房玄齢とともに朝廷の官署の仕組みから制度文物に至るまでを制定し、世の人々から「房杜」と並び称された。

王珪（おうけい）

最初、李建成に仕え、経典・膳薬などをつかさどり、礼遇された。その後、建成の陰謀に連座して流罪となるが、建成が殺されたあと、太宗に招じられて諫議大夫となる。誠実な人柄で太宗に忠節を尽くし、しばしば忠言した。「もし卿がいつも諫官にいれば、我は必ず長く過失がないだろう」といわれるほど、太宗の信頼は厚かった。

褚遂良（ちょすいりょう）

博学にして書道の大家。太宗に招じられ諫議大夫になり、その直諫により重んじられた。高宗のときに尚書左僕射となるが、高宗が則天武后《そくてんぶこう》を立てるのを阻止しようとしたため、武后が立ったのち左遷され没した。

文徳皇后（ぶんとくこうごう）

太宗の皇后。長孫皇后ともいわれる。学問を好み、礼法を学び、外戚を抑えて政治に関与させなかった。

第一章　リーダーの必読書『貞観政要』

「善を出せば栄え、悪を出せば滅びる」
（善を行う者は、その幸福を受ける年月が長く、悪を行う者は、その寿命が短い）
——太宗

平安時代から日本に伝わり、為政者の必読書となった『貞観政要』

谷沢　今回渡部先生とお話しようというのが『貞観政要《じょうがんせいよう》』という本なんです。この本は唐の太宗《たいそう》が諫議大夫《かんぎたいふ》や諫臣《かんしん》たちと交わした対話をまとめた本です。貞観というのは唐の太宗が在位していたときの年号ですね。編纂《へんさん》したのは呉兢《ごきょう》という当代一流の歴史家で史官だった人。呉兢は太宗が没して約五十年後の人ですが、宮廷の中に残っていた資料をもとにまとめたわけですね。

この『貞観政要』は遅くとも桓武《かんむ》天皇の時代には日本に入っていたようです。それが藤原南家と菅原家というふうに別れて伝わってきて、当時の歴代天皇、あるいは北条、足利、徳川といった為政者《いせいしゃ》たちがこの本に学んでいます。

そのことからもわかるように、『貞観政要』には「皇帝・帝王とはどうあるべきか」あるいは「政治とはどうするべきか」が極めて具体的に記されているんです。

高位にある者が政治を執《と》り行う場合に心得るべき要諦がすべて書かれているエンサイクロペディア（百科事典）のような本なんですね。

私も『貞観政要』という有名な本があることはかねてから知っていたのですが、不思議なことに、この本の研究書が見当たらない。おかしいなと思って探していたところにやっと古書目録で見つけたのが原田種成《たねしげ》の『貞観政要の研究』（昭和四十年・吉川弘文館）という本でした。これを読んでビックリ仰天しましてね。まさに微に入り細をうがって徹底的に研究してある。

渡部　私も『貞観政要』というのが大変な本であるとは知っておったので、谷沢先生と対談したいなと思っていたのです。それで、そのときの参考書には国訳漢文大成に収められているものを使おうと思っていたところに、谷沢先生から「原田種成の本があります」と教えていただいたんでしたね。それを読んだときは、日本の文献学のレベルの高さを目の当たりにする思いでした。

谷沢　そうでしょう。新釈漢文体系の中の二冊をお送りしたのですが、それはもう日本書誌学史上に燦然《さんぜん》と輝く名著です。何しろ原田さんの研究の前は、本文が錯《さく》綜《そう》していて何が正しいのかわからなかったんですからね。

『貞観政要』の木版印刷がシナで始まったのは宋の時代だと言われているんですが、現物は誰も見ていない。初めて版になったのは元の時代ですが、このとき戈直《かちょく》という人が校訂注釈して出したという本もまた、ほとんど誰も見たことがない。つまり、宋版というものがまずありやなしやわからない。それから元版というものが出たことは確かですが、これを確認した人は少ないわけです。

渡部　幻の本だったわけですな。

谷沢　その後、明の憲宗《けんそう》という皇帝が命じて、戈直本を政府から発行した。この明版ができて、やっと一般に流布するのですが、本文は入り乱れ、しかも誤字脱字だらけで全然読めない。結局、『貞観政要』の研究が進まなかったのは読めなかったからなんです。

旺盛な探究心によって『貞観政要』を世に出した原田種成の絶大なる功績

渡部　そこに原田種成が登場するわけですね。

谷沢　そうなんです。この原田種成という人は、読めないのならば調べてみようという旺盛な探究心で、日本に伝わっていた『貞観政要』の古写本を詳細に研究したわけです。それでやっと正確な本文ができあがることになります。題だけで内容のわからなかった『貞観政要』の定本が、原田種成の手によって完成したわけです。それ自体ドラマチックな話だと思いますね。

渡部　そもそも呉兢は『貞観政要』を二度書いているんですね。

谷沢　はい。悪名高い則天武后《そくてんぶこう》の時代のあと、中宗《ちゅうそう》という気の弱い王が復位したときに差し上げたのが一度目です。しかし中宗はあまり評判の良くない皇帝で、要するに〝あかんたれ〟やったんですね。だから呉兢が上申した最初の本はほとんど利用されなかった。
そこで呉競は玄宗《げんそう》皇帝が即位したときにもういっぺん書き直して出しているわけです。玄宗皇帝は、初期の頃には名君の誉《ほま》れが高かったですからね。
その二つの『貞観政要』が日本には両方伝わっているのですが、シナでは雲散霧《うんさんむ》消《しょう》している。シナ人というのは文献を保存するということについては実に無関心ですね。

渡部　そうですね。原田種成の文献学的な業績のすごいのは、一回目の本と二回目の本に書かれている内容の違いを指摘しているところですね。重要なところでは、一回目の本では房玄齢《ぼうげんれい》という諫議大夫の発言として書かれているものが、二回目には太宗が言ったようになっていた。その二回目の本が流布したために、太宗には長い間、「威張り屋」というレッテルが貼られてしまったわけです。

谷沢　房玄齢が太宗の功業を讃《たた》えた上疏文《じょうそぶん》をつくったわけです。ところが後の版で房玄齢の名前が消えちゃったものだから、太宗が「おれは偉大な君子だった」「立派な業績を挙げた」と自慢したようになってしまった。まあ、自慢するに価するだけのことはやったわけですけれども、うぬぼれ屋、自慢屋であるという誤解を与えることになってしまったのは確かです。それが清の時代になると、唐の太宗を攻撃する材料に使われるようになったんです。

渡部　ところがそれは誤植による間違いで、唐の太宗が言ったのではなくて房玄齢が言ったのだと原田さんが指摘した。これは太宗のイメージを変える大発見でした。

谷沢　大転回したんですからね。

原田版『貞観政要』は唐の太宗の偉大さを証明した無二の本

谷沢　唐の太宗が亡くなって五十年後に呉兢という史家が書いた『貞観政要』は、シナには写本としてずーっと伝わっていたんです。そして宋なり元の時代になるのですが、シナ人はその間にどんどん手を加えるわけですよ。

これに関しては、僕は歴史学者や文献学者に言いたいことがある。というのは、日本の学者は「写本」と「写経」とを混同しているんです。「写経」というのは賃金で雇われている写字生というアルバイトが正確に写すわけです。写しながら、たとえば「法華経のここが間違っている」といって訂正することは金輪際《こんりんざい》あり得ない。ところが「写本」というのは、人が持っている本を借りて自分の解釈で写すんです。だから途中で「ここが間違っている」とか「ここが飛んでいる」とか、あるいは同じ言葉が二行続くとそこを飛ばしてしまうとか、自己流の解釈をしながら写していくわけです。つまり、写本というものは自家用として転写されていくたびに変わっていくわけですね。

そう考えれば、写本があるからと言って、あまり重要視することはできない。写経ではそういうことがありません。つまり、法華経《ほけきょう》を訂正した本はどこにもないわけですよ。こうした写経と写本の違いを考えなくてはいけないんです。

また日本人というのは写本の仕方が実に謹直《きんちょく》なんですね。だから桓武《かんむ》天皇の頃に渡ってきた本は、ほぼ正確に写されている。のちにそれが藤原南家とか菅原家とか西本願寺とかに分かれていきますけれど、そこでもわりと正確に写されて伝わってくる。
原田種成は、そうやって日本中に残っている『貞観政要』の写本を全部調べたわ
けです。そして、うんざりするぐらい詳しい大集覧表をつくっています。これには頭が下がります。あれだけの努力をするというのは大変なものですよ。

渡部　中国政府が今、孔子《こうし》学校のようなものを世界中につくって威張っていますね。おそらく、きっとそのうち唐の太宗をも讃えると思うんです。しかし、唐の太宗が素晴らしかったという根拠は、日本に残った本からしか出なかったということになりますね。

谷沢　そうそう。昔から唐の太宗には天下の名君という評価があったけれども、その理由が原田本の『貞観政要』によって初めて客観性を持って証明されたわけです。これはチャイナからよっぽど感謝してもらわんと（笑）。

渡部　いや、世界中の学会から感謝してもらってもいいですよ。

谷沢　本当にそうですね。長い長いシナの歴史で、おそらく最高の名君は唐の太

宗と清の雍正帝《ようせいてい》の二人ですが、この太宗の偉大さというものをシナ人のために日本人学者が一生懸命調べて教えてあげることになったわけですから。

渡部　原田種成は、丁寧《ていねい》な文献学的な考証によって呉競が第一回目の提出した本の系統は日本にしか流れていないということを突き止めた。そして唐の太宗という、世界の名君を十人挙げれば必ず入るような人のイメージまで変えるようなことをやった。これは偉業と言っていいですね。

北条政子も徳川家康も上杉鷹山も『貞観政要』を読んでいた

渡部　この本は多くの為政者によって読み継がれていくわけですが、その一人に北条政子がいます。北条政子はこの本の存在を知っていて、公家《くげ》に訳させて仮名本で読んでいますね。

谷沢　北条政子は漢文が読めないから、菅原為長《ためなが》に命じて日本語訳させて講義させたんです。

渡部　その一事をもってしても、政子がいかに政治に関心があったかわかりますね。単にやかましいおばさんが政治に口を挟んだというわけではない。

谷沢　原田さんは、北条政子がそれほど執着したのだから源頼朝《みなもとのよりとも》も当然読んでおったのに違いないと書いています。でも、これは勇み足だと僕は思いますね。頼朝よりも政子のほうがはるかに政治家なんですよ。頼朝はそんなに勉強していませんからな。政子のほうが本当に『貞観政要』をわかった人だったはずです。

渡部　それから徳川家康も読んでいたと。徳川時代は儒教の時代と言いますが、本当は孔子よりも『貞観政要』のほうを重視していたような感じを受けますね。家康も『論語』を一所懸命勉強しましたが、本当に役に立つと思ったのは『貞観政要』のほうだったのではないかと。

谷沢　家康の命令で慶長《けいちょう》年間に木版の『貞観政要』が出ていますからね。駿河版と言いますが、それが出版された年は関ヶ原の戦より前なんです。家康はすでにその時点で天下を治めるための心がけをちゃんと考えておったわけですね。

渡部　大坂夏の陣の十六年前ですからね。
谷沢　征夷《せいい》大将軍になった年から数えても五、六年前になりますから。
渡部　『論語』や『孟子《もうし》』は家来が読んでもいいものですが、『貞観政要』は君子、殿様でないとあまり関係ないんですよ。だから、徳川家とか上杉鷹山《ようざん》とか、ああいう人たちは一所懸命読んだと思います。

上に立つ者のなすべきことが具体的に記された世界最高の書

渡部　この前、谷沢先生と一緒に徳川十八代徳川恒孝《つねなり》さんという方のお話をお聞きしましたね。徳川時代は二百五十年間平和だったわけですが、こんなのは世界中見渡してもなかなかない。その十八代の徳川さんが「その中心は儒学であった」とおっしゃったから、僕は質問して「儒学と言っても『貞観政要』のことでしょう」と言ったら、「そうです」とすぐに肯定なさいましたね。だから徳川家ではわかっているんだなと思いました。
この方は日本郵船の副社長までいった人で、ものすごく知的な人です。その方が『貞観政要』というと即座に反応したので感心しました。
谷沢 やっぱりよう知っている。
渡部 しかしあれは臣下は知らなくてもいいことだという気はあったのかも（笑）。案外、徳川家の中ではね。
谷沢 そうでしょうね。おそらく天下の政治に直接かかわる人が読んでいたと思います。たとえば八代将軍吉宗《よしむね》です。『貞観政要』に唐の太宗が後宮にいた三千人の女官を「人民の財力を使い果たすものだから、そんなに必要ない」と言って家に帰らせる話が出てきます。吉宗は大奥でそれとそっくり同じ真似をしていますからね。『貞観政要』を読んでおったのはほぼ確実です。
渡部 『貞観政要』を学ぶことにおいて吉宗の出た紀州家は非常に熱心でしたね。だから、後に一番普及したのが紀州版でした。
谷沢 その紀州藩の藩校の初代教授が伊藤仁斎《じんさい》の子の伊藤蘭嵎《らんぐう》なんです。その影

あらゆる経営者、リーダー、それから政治家に読んで欲しいのは、『論語』・『孟子』もさることながら『貞観政要』のほうです。こちらはより具体的なんですよ。

響があったかもしれませんな。伊藤仁斎は直接『貞観政要』について何も書いていませんけども、しかし、どうも紀州でえらくこの本が大切にされたということの遠因は、僕は蘭嵎にあるのではないかと見ています。

渡部 仁斎ももちろん『貞観政要』を知っていたわけですね。

谷沢 もちろん。おそらく仁斎の後継者の伊藤東涯《とうがい》もね。しかし、仁斎も東涯も君子ではあっても帝王じゃありませんから、それについてもの言うことは、はばかりがあったのでしょう。

渡部 確かに君主には教えてもいいけれど、普通の人に教えるのは意味がないというような感じがありますからね。逆に今は社長がたくさんいますから、この本を読む価値はむしろ高まっていると言っていいですね。

谷沢 あらゆる経営者、リーダー、それから政治家に読んで欲しいのは、『論語』・『孟子』もさることながら『貞観政要』のほうです。こちらはより具体的なんですよ。

『論語』・『孟子』は名著だけれども、いたって抽象的でしょう。「仁」と言おうが

「信」と言おうが、要するにぜんぶ抽象論です。ところがこの貞観政要は、具体的に「何をどうするか」ということについて書かれている。リーダーとはどうあるべきかということが具体的に書かれている。その点では、世界中でこの本が最高じゃないかと僕は思います。

渡部　私もそう思いますね。今日はこの本を読みながら、現代に通じるリーダーのあり方というものを谷沢先生と語り合っていきたいと思います。

第二章　王と諫臣の奇跡的な関係

「朕、不善有らば、卿《けい》必ず記録するや」
（私が悪事を働けば、お前はそれを必ず記録するのか）
「道を守るは官を守るに如《し》かず」
（職責を守ることが道徳に適《かな》うことだと思っています）
――太宗と褚遂良の会話

世界にも稀な〝諫議大夫〟という皇帝に直言をするシステム

谷沢　冒頭にも言いましたが、この『貞観政要《じょうがんせいよう》』には、唐の太宗《たいそう》とその臣下のやりとりが事細かく書かれています。唐の太宗は、王を諫《いさ》める役目の諫議大夫《かんぎたいふ》という役職を置くわけですね。その諫議大夫あるいは諫臣《かんしん》といわれる重臣たちが、唐の太宗にどんどん上疏文《じょうそぶん》を出すわけです。ようここまで言うたなと思うぐらい、忠告するんですよ。

渡部　その時代に皇帝に諫言《かんげん》をするなんて、普通では考えられません。

谷沢　それはできません。シナの長い歴史の中でも諫議大夫がこれだけ活躍したのは唐の高祖《こうそ》と太宗の時代だけです。

司馬光《しばこう》の書いた『資治通鑑《しじつがん》』を見ると、太宗のお父さんの高祖のときにすでに諫議大夫を置いている。おそらくはまだ即位していなかった太宗が、高祖に「諫義大夫を置きなさい」という忠告をしたのではないでしょうか。それを太宗がそのまま受け継いだのではないかと思うんですがね。

渡部　歴史の中に諫義大夫に相当するものを探すと、イギリスのフール（fool＝道化）がいますが、フールと諫義大夫は違いますねえ。

谷沢　まあ、探せばフールしかないと思います。フール以上に露骨な諫臣はいないでしょう。『貞観政要』にも、君子に忠告する場合にはあまり露骨にトゲトゲしく言ってはならない、やわらかにほぐして丁寧に言わなきゃならないということは書いてありますけども、フールはそれをさらに極端にして冗談めかした感じでしょう。

渡部　フールだから何を言われても気にすることはないという感じですね。つまり、フールというのは普通の人間扱いされていないわけです。だから王様をからかってもかまわない。しかし、これがなかなか馬鹿にならなくて、フールを廃止したことが発端になって王朝が崩れるんです。

谷沢　フールはたとえて言うならヨーロッパにおける諫議大夫だったわけですね。

そしてフールは身分が人間以下であったがゆえに王様に好き放題に言えたし、取るに足りない者の意見であったからこそ王様も耳を貸したというわけですね。

渡部　そういうことです。その点がフールと諫議大夫の似ているけれども違うところでしょう。

谷沢　そうですね。

自分が殺した皇太子の側近を取り上げた太宗の仰天人事

谷沢　しかも太宗が偉いのは、自分の反対派であった人物を許して、逆に諫議大夫に取り上げている点です。

渡部　魏徴《ぎちょう》ですね。この人は太宗が殺した皇太子――自分の兄――の家来だった。

谷沢　そうです。太宗が李世民《りせいみん》と名乗っていた頃、皇太子であった兄の李建成《けんせい》と、弟の李元吉《げんきつ》を殺すわけですね。いわゆる「玄武門《げんぶもん》の変」です。これは李世民の人望に危機感を抱いた二人が結託して李世民を亡きものにしようと謀ったのがそもそもの始まりなんですが、当時は長幼《ちょうよう》の序《じょ》が最も厳しい時代でしたからね。どんな大義名分があったにしろ、いかに衆望を得ていたにしろ、あの儒教の国で兄の皇太子を殺したとなれば必ず悪口を言われるわけです。

渡部　本当か嘘か知りませんが、玄武門の変は房玄齢《ぼうげんれい》と杜如晦《とじょかい》がやったのであって、太宗は知らなかったんだという説も出ますね。しかし、これはおそらく太宗の名に傷をつけないための後世の作り話でしょう。

谷沢　その真偽についてはわかりませんが、唐帝国をつくったのは間違いなく李世民ですからね。しかし、それが仮に実力であったにしても、李世民は政治の一つのルールを破ってしまったわけですな。

渡部　日本の戦国時代を見ればわかりますけれど、織田信長だって弟を殺しているし、伊達政宗も殺している。武田信玄はお父さんまで追っ払っている。本当の戦国というのは危ないんですよね。

谷沢　日本は儒教の国ではないですからね。だから伊達政宗にしろ武田信玄にしろ織田信長にしろ、肉親を殺したことでもってその人の価値を決定するということにはならなかった。しかし、チャイナではそれは決定的なことなんです。

消えない負い目があったからこそ名君になるしかなかった太宗

谷沢　結局、李世民は皇太子になって、お父さんの高祖から位を譲り受け、確か二十七歳で即位して太宗になります。それから二十四年間の在位中、太宗は兄を殺したという決定的な負い目を背負い続けた。それを帳消しにするために、太宗は名君たらざるを得なかったとも言えるでしょう。それを自分自身に言い聞かせていたわけですね。

渡部　太宗が諫議大夫の言うことに耳を傾けているのも、その負い目があったからかも知れませんね。

谷沢　ずっとあとの話になりますが、こんな出来事があります。

まことに見目麗しき絶世の美人が王宮に入って来るわけですね。そうすると、でしゃばりの魏徴がすぐに上疏文を出すわけです。

「あの美人には実は言い交わした許婚《いいなずけ》があります。そういう女性を帝王が奪って、やおら側妻にするのはいかがなものでありましょうか」と。

しかし、女性の父親としては平凡な男の嫁にするよりは太宗に手をつけてもらったほうがよっぽど得なわけですから、「いや、昔々そんな話はありましたけれども、実際に結納の儀を執り行ったわけでありませんから」と。まあ気にせんでくださいというわけですよ。

ところが太宗は「たとえどんな口約束であろうとも、そういう約束があったのは事実だから」と、その女性を家に帰してしまったという話があるんです。

まあ、そこまで神経質にならんでもいいのにと思うぐらい、太宗は自分自身を律していきますね。

ずけずけものを言う魏徴と、それに感心する太宗の奇跡的めぐり合わせ

渡部　それにしても魏徴ははっきりものを言いますね。太宗に向かって「皇太子がもしも私の言うことを聞いてくださっておれば、今日のような悲劇は起こらなかったでしょう」なんて言う。

谷沢　すごい言い方です。要するに皇太子の李建成が阿呆やったから、太宗さん、あんたはいま皇帝になっているんで、李建成が自分の進言をちゃんと採用していたら、あんたは皇帝の位におれへんのに……と言っているわけですからね。これは天下の開き直りですよ。

渡部　それに太宗が感心して自分の諫議大夫にするんですね。

谷沢　これは世界一の奇跡です。織田信長ももともと弟についていた柴田勝家を取り上げましたが、僕の想像では、信長は最初のうちは我慢していたけれど、ある

時期になると突然爆発するんですね。おそらく信長がどういう形にしろ完全に天下を取っておったら、柴田勝家は追放されておったんじゃないかと思います。

しかし太宗は自分が殺した皇太子の参謀を諫議大夫にするんですから、これは常識では考えられない。

渡部　実に懐《ふところ》が広い。その魏徴が太宗を名君へと押し上げていく大きな力となるわけですから、これは奇跡的なめぐり合わせと言ってもいいかもしれません。

谷沢　そうですね。この唐の太宗が活躍した時代というのは、日本でいうと桓武《かんむ》よりもはるか前の飛鳥《あすか》時代です。ところが、なんと日本では平安時代になって、清和《せいわ》天皇が太宗のまねをして貞観という年号をつくったことがあるんです。当時の平安朝の天皇からすれば、唐の太宗というのは君子の模範だったんですね。それほど太宗の偉業は天下に轟《とどろ》いていたのでしょうし、太宗を君主の模範だと考えた日本の皇室もまた偉かったと思います。

清廉潔白な諫臣たちと反省力のある皇帝の絶妙なるコンビネーション

谷沢　それから太宗を取り巻く諫臣と言われている連中がいます。『貞観政要』には、この連中の家は質素で表座敷すらなかったということが書いてある。それが本当であるとすれば、これも奇跡的なことです。

渡部　それほど皇帝の近くにいる人が贅沢しないということはシナでは考えられないですからね。

谷沢　皇帝ですら言うことを聞かざるを得ないような有利な立場なのですから、本当なら賄賂取り放題です。自分がいわば天下人と肩を並べているどころか、天下人をリードしているわけですからね。本来ならば権勢をたくましゅうして偉くなっていくのは当然なんですよ。

渡部　ところが例外的にみんな質素だった。逆から見れば、自分が質素だったからこそ思い切って諫言できたのでしょう。

谷沢　魏徴もそうですが、諫臣たちは太宗に対して「質素にしろ」ということをやかましく言いますからね。太宗も、隋の煬帝《ようだい》のような度を越した贅沢をするのは悪いとはわかっているけれど、たとえば、あまりにも古びている宮殿にちょっと手を加えたいというぐらいの気持ちはある。ところが太宗がそう言うと、ただちに魏徴が「それはなりませぬ」と上申するわけです。

当時は貴族社会ですから、帝が贅沢をしたらその下の貴族が贅沢をする。帝王と貴族が贅沢をすれば、そのツケは庶民にまわってくる。だから帝王は贅沢をしてはいけない、宮殿に手を入れるのはおやめなさい、という具合にね。

あるいは行幸《ぎょうこう》したいと言うと、また魏徴が文句を言う。「隋の煬帝はあまりにも度々大運河を通じて豪勢な行幸をしたがために王朝が潰れました。その先例にならうんですか」と、もういちいち文句を言うんですよ。

渡部　止める側の人が贅沢な生活していたら「なんだ、お前は」という話になりますけれど、みんな非常に質素であったから太宗も認めざるを得なかったというわけです。その気になれば、諫臣たちは太宗に「贅沢しなさい」「美女を集めなさい」とおべっかを使えば、自分たちも同じ贅沢ができる立場にあったんですけれどね。

谷沢　それが揃いも揃って清廉潔白《せいれんけっぱく》で、政治とはどうあるべきかということだけを考えて一生過ごした。そんな諫臣が十人ぐらいおったというわけですから、この組み合わせも奇跡ですね。

小さな贅沢を見逃すと必ず極端までいってしまうと考えた諫臣たち

谷沢　もっともあまりに諫臣たちがうるさいので、太宗が少々むかっ腹を立てたこともあるんですよ（笑）。貞観十七年の話ですが、褚遂良《ちょすいりょう》という諫議大夫に太宗が聞くんです。

「昔、堯《ぎょう》（舜《しゅん》と並び称される伝説上の理想の皇帝）は漆器をつくり、禹《う》は俎板《まないた》に彫刻を施した。その当時、堯・禹を諫めた者が十余人あったということである。食器ぐらいの小さなことで、どうして厳しく諫める必要があるのか」

小さなことにまで口を差し挟みすぎではないか、というわけです。そうすると褚遂良が答えるんですね。

「彫刻の細工は農事を妨げ、美しい組ひもは女の仕事に害があります。贅沢に過ぎることを始めるのは、危険と滅亡の第一歩であります。漆器で止めなければ、必ず金で器でつくりましょう。金の器で止めなければ、必ず玉で器をつくることになりましょう。ですから諫臣は、必ずその第一歩の兆しを諫めるのでございます。贅沢は極端に達してしまっては、もはや諫める余地がございません」

これは帝王に限らない。あらゆる一般人でもそうですよ。何事も最初のうちはこれぐらいならいいだろうと始めたことが、いつの間にか大きなことになってしまうということですね。

渡部　そう言われて太宗も納得するわけですな。それにしても、これはどうかということもあります。たとえば、唐の太宗はなにしろ武人ですから狩が好きなんですね。でも、その狩まで止められたこともありました。

谷那律《こくなりつ》という人が諫議大夫となって、あるとき太宗の猟にお伴をしたと。そうしたら途中で雨に降られてしまった。そのときに太宗が谷那律に問いかけるんです。「油衣の雨具（油を塗った絹でつくった雨具）は、どうすれば雨が漏らないようにできるだろうか」

そうしたら谷那律は「瓦でつくれば絶対に漏らないでしょう」と答えるわけです。その答えを聞いて、太宗は谷那律が何を言いたいのかわかったんですね。つまり、「そんなにしょっちゅう狩猟に出かけないでください」という意味だなぁと。それで太宗は喜んで、谷那律に褒美をあげたというんです。こんな皮肉を言われても怒らないどころか、その心を理解して「よくぞ言ってくれた」と（笑）。

谷沢　相手の言わんとする主旨がすぐにわかる。

渡部　馬上天下を取った皇帝にとっては、狩は一番の遊びですよ。しかも悪い遊びじゃないですよね。家康も好きだったように、武臣としては狩に出るのは当たり前なんです。それなのにね。

谷沢　狩をしてはいけないというのは、これはさすがに家康は守らなかったですね。

渡部　守らなかったですな。家康は武人ですから、狩が大好きでね。これは当然です。頼朝だってやったんだから。

谷沢　でも太宗は狩も控えた。それどころか、諫臣たちの上疏に対して一回を除いて「そうか、そのとおりだ」と同意しているんですよ。

渡部　その同意をしなかった一回というのは、高麗《こうらい》征伐を止められたときの話ですね。あのときは、あまりに止められるものだから太宗が怒って、一時は魏徴の位を取り上げるんですね。ところが、それが失敗に終わると素直に魏徴に謝るんです。太宗という人は、非常に反省力があります。

故事を引き合いに出して〝具体的に〟諫めるのが諫言のルール

谷沢　諫臣の言葉をよく聞いたというのは、太宗が即位して三年間、旱魃《かんばつ》とか大雨とかが続いて収穫が少なかったということも関係あるかもしれませんね。太宗も質素にせざるを得なかった。

ところが、四年目ぐらいになると今度は豊作の年を迎えて、天下の庶民も潤《うるお》うようになった。そこで、ちょっとぐらい贅沢をしてもいいじゃないかと思うと、すかさず魏徴が「いや、それはなりませぬ」と(笑)。

渡部　王様に忠告すると首が飛ぶのが当たり前という時代ですからね。諫めるほうも諫めるほうですが、それを聞くほうも聞くほうです。

シナの歴史をひも解くと例外は陸賈《りくか》ぐらいでしょう。漢の高祖つまり劉邦《りゅうほう》に対して『書経《しょきょう》』や『詩経《しきょう》』を教えようとしたところ、劉邦が「俺は馬上で天下を取ったんだ」と怒るんです。そのとき陸賈が「馬上天下を取るも、馬上天下を治むべからず」と諫めたという逸話があります。

しかし、唐の太宗は自らの考えで諫議大夫をシステムとして導入しているわけですからね。

谷沢　漢の高祖も最後には学問の重要なることを理解しましたが、最初は儒学者嫌いで、もっと学問を世間に広めなければいけないと言った儒学者の冠に小便をかけたという話がある（笑）。だから皇帝なるものがここまで学問を重く見たという例は、シナの長い歴史の中でも唐の太宗と、あとは清朝になってからですね。

それから、諫臣たちが上疏するときには一つパターンがありましてね。必ず昔の皇帝の話を持ち出すんですよ。伝説の帝王を持ち出して、それと比べて恥ずかしくならないようにしてくださいよと言って、延々と長い昔の話をするんです。

渡部　全部事実を持ってきて、あの王様はこうでしたと具体例で忠告していますね。

谷沢　当時のチャイナでは抽象論は駄目なんですね。その点は偉いと思う。

渡部　そうですね。

谷沢　一貫して抽象論はないんです。だから「孔子曰く」がない。孔子以前の五《ご》経《きょう》の時代を持ってきますからね。

部下を相手にしても古の礼を重んじることを喜んだ太宗

渡部　太宗が古来からの礼を尊重していたことを示す話が出てきますね。諫臣の一人、王珪《おうけい》の子の敬直《けいちょう》が太宗の娘を嫁にもらったときのことです。

この王珪というのは礼部尚書《れいぶしょうしょ》といって宮廷の儀礼や教育などを司る長官をしていたわけです。そういうこともあったのだと思いますが、王珪は「礼の定めでは新婦が夫の父母に謁見《えっけん》する儀式がある。ところが、近頃はその風俗が廃れて、公主（皇帝の娘）が降嫁されるときの礼が廃止されている。しかし皇帝は古来より定まっている法を実行されておられる」と言って、礼に従った公主の謁見を求めるわけです。

嫁が舅《しゅうと》と姑《しゅうとめ》に謁見するときにはひざまずかなくてはならない。つまり、皇帝の娘にひざまずかせることになるわけですけれど、王珪は「それは何も自分が威張りたいわけではなくて、国の立派な習慣を守りたいのだ」と言うわけです。そして太宗も、その言葉を聞いて、よいことだと王珪を褒めたというんです。

谷沢　原田さんに言わせると、新婦は舅姑の食べ残しを食べるのが礼になっておったそうですね。これもまた酷い話ですが（笑）。

渡部　そういう儀式があったんでしょうね。

谷沢　そうですね。だから嫁・舅の関係に初めからけじめをつけていたわけですね。

渡部　盥饋《かんき》の道というのがあったそうです。新婦が夫の家に嫁入りした翌朝、早く起きて盥《たらい》に入れた水で手を洗い、食べ物を舅姑に献じ、それが終わってから新婦が舅姑の食べ残りを食べるという儀式ですね。これを皇帝の娘にやらせたわけです。

谷沢　現代ではなかなかできそうもないけどね。

渡部　一回ぐらいやらしたほうがいいかもしれません（笑）。最初が肝心ですよ。もっとも今は結婚式が終わったら親はほったらかしにして、すぐに新婚旅行だと海外に行きますからね。

谷沢　それでも身の上相談には盛んに嫁姑の関係というのが出てくるところを見

ると、表沙汰にならないけれども何かと問題があるのでしょう。そういう意味では、最初にけじめをつけるというのはいいのかもしれませんが、王の娘にそれをやらせたというのだから、王珪という人もえらいもんです。

渡部　それを許容した太宗も筋が通っていますな。王珪も太宗ならば自分の言を喜んで受け入れるだろうと思っていたのではないでしょうか。この皇帝と諫臣たちの間にはそういう堅い信頼関係ができあがっていたように思います。だからこそ、長い間王朝を維持することができたとも言えるでしょう。

「皇帝の言行は善悪すべて書くのが自分の仕事」と言った褚遂良

渡部　またそういう信頼関係の強さを感じさせる面白い話がありますね。貞観十三年に褚遂良が魏徴のあとの諫議大夫となって、同時に起居注《ききょちゅう》という皇帝の言行を書き記す役目をする官職を兼務することになったというんです。この褚遂良は有名な書家でもありますが、太宗がこの男に尋ねるんですね。

「朕、不善有らば、卿《けい》必ず記録するや」

私が悪事を働けば、お前はそれを必ず記録するのか、というわけです。

すると褚遂良は孔子の言葉を借りて「道を守るは官を守るに如《し》かず」と答えます。

つまり、自分の職責をきちんと守ることが道徳に適《かな》うことであると自分は思っていると。そして「私の仕事は皇帝の言行を記録することなので、不善の行為であっても書かないことはありません」とはっきり答えているんです。

谷沢　はっきり言いますよね。昔から史官は帝王に屈せずという伝説があるのに即したわけです。

渡部　本当は皇帝もそんなことは聞いてはいけないのですけれど、太宗は聞くんですよね。普通であれば、皇帝に直接そう聞かれると、なかなか「書きます」とは言えないものですが、褚遂良は「書きます」と断言している。
さらに、その言葉を侍従の劉洎《りゅうき》が弁護しているわけですね。「皇帝に過失があるのは、日食や月食と同じように、万民が見ています。たとえ褚遂良が書かなくても、天下の人はみんな知っています」というように。

そして太宗自身も、別の機会に「良い歴史書というのは善も悪も隠さずに書いているから、悪をこらし善を勧めるのに役立つ」と言っているんです。これも偉いことですね。

谷沢　わが国に起居注という役割があったという記録はないのですが、『日本三代実録』などには平安朝の天皇の悪いことがたくさん書いてありました。

渡部　そうなんですね。あれは不思議ですね。その傾向は『日本書紀』からあるんじゃないですか?

谷沢　ええ、そうです。『日本書紀』に至っては、あったはずがない悪いことまで創作して書いてある(笑)。だからむしろ悪口を書かなくなったのは、明治以後ですね。

『明治天皇記』という十二巻に索引のついた本がありまして、これには明治時代に起こった出来事をずっと書いてあるんですけれども、明治天皇の悪口は全然書いていない。明治天皇も人間ですからいろんな欠点もあったと思うのですが、一切書いてないですね。

渡部　今でも皇室のことを書くときは遠慮していますよね。

谷沢　そうなんです。朝日新聞が敬語を使わないということをやっているけれども、それでも非常に遠慮していますね。

渡部　歴史の場合は、遠慮しないで書き残すものが必要ですね。今の天皇を悪く言うのは不敬罪になるかも知れませんけれども、亡くなった人には不敬罪は及ばないというぐらいにしないと歴史の教訓が生まれません。

谷沢　その意味では昔のほうが正直だったということが言えるかもしれませんね。

『貞観政要』は孔子の思想の実践応用篇として読むのがいい

渡部　『貞観政要』は孔子から三百年以上経ってから出た本ですが、孔子の思想を非常にプラクティカルにしていますね。その関係を見ると、漠然とではありませすけども、ギリシャとローマの関係に似ています。つまり、いろんな思想はギリシャに出て、ローマはその応用篇が多い。ローマや唐は帝国をつくりますが、ギリシャや孔子の頃にはまだ本物の帝国はできていない。

谷沢　王・キングになっていないわけですね。だからのちの儒学の連中が「素王《すおう》」と呼んで、王にならなかったけれども王であったということを盛んに言うわけです。これは結局、唐の太宗の頃には「四書五経」がまだ学問体系として確立されていなかったということでしょう。「四書五経」を決めたのは朱子ですからね。太宗の頃はむしろ五経のほうが大事で、官吏として登用されるには五経のうちの一経に通じるだけで用うるに足りると言われていました。そのくらい浸透していなかった儒教を浸透させる一つのエポックをつくったのが太宗なんです。

渡部　貞観十二年に太宗が「林深ければ多くの鳥が棲《す》む。川の流れが大きければ多くの魚が泳ぐ。人が仁義道徳の行いを積み重ねれば、天下の人は自然になつき従うものである」と言っています。

これは仁義の道が重要であることを言っているわけですね。そして仁義道徳の道から遠く離れなければ、食べ物が体の栄養になると同様、その生命を保つことができるだろうというわけです。

太宗の言葉を聞くと王珪は恐れ入って、「陛下が今のお言葉をよく知っておられることは、天下にとって最上の幸福であります」と言ったというのですが、そういう比喩まで使って仁義道徳の重要なることを言っているわけです。

仁義道徳は全部孔子に戻りますから、このへんから儒教的なものが確立してくるのでしょうね。

いつも太宗の念頭にあった漢の高祖と隋の煬帝の成功と失敗

谷沢　過去から学ぶというのが太宗と諫臣たちのスタイルですけれど、太宗自身は年がら年中、漢の高祖と隋の煬帝のことを考えています。

漢の高祖というのは創業のモデルなわけです。三百年の漢王朝をつくるのに成功した創業者が高祖ですからね。なぜ漢の高祖は成功したのか。

　高祖自身は皇帝としては決して有能とは言えません。むしろ無能であると言ってもいいけれど、蕭何《しょうか》とか張良《ちょうりょう》とか韓信《かんしん》といった有能な人間を部下として集めて、彼らを存分に働かせて天下を取ったんです。それが太宗の念頭にずっとあった。だから太宗は何遍も高祖のことを言っていますね。

　一方、隋の煬帝というのは反面教師ですね。自分はまかり間違っても煬帝のようなことになってはならない、と太宗は考えています。

　煬帝というのは悪逆無道の帝王と言われていますけれど、それは唐の時代にできた『隋書』に書いてあることですからどこまで本当かはわからない。唐という王朝を謳歌するためには、隋を悪く言わなきゃならないわけですから。しかし、自分が隋を倒したんですから、太宗にはなぜ隋が倒れることになったかという理由はよくわかっているわけです。

渡部　要するに、贅沢をして無駄な戦争や土木工事をやったということですね。隋というのは、ベルサイユ宮殿をあちこちにいっぱい建てたような感じでしたから

ある意味では、太宗は隋王朝に対して革命を起こしたようなもので、たとえればナポレオンみたいな立場なんです。

ね。太宗はそれを見ていたわけです。ある意味では、太宗は隋王朝に対して革命を起こしたようなもので、たとえればナポレオンみたいな立場なんです。

谷沢　だから魏徴はずっと太宗を脅かすんですよ。「王朝が長続きするかどうかは、あなたの政治のいかんによりますぞ」「終わりをまっとうする帝王が最も立派ですぞ」「おかしなことをしたらあなた自身が失脚しますぞ」とね。これは一種の脅迫ですよ。魏徴は脅迫の名人やと思うな（笑）。

内助の功が素晴らしかった文徳皇后は太宗以上の人格者

渡部　魏徴、房玄齢《ぼうげんれい》、杜如晦《とじょかい》をはじめ、太宗のまわりにはすぐれた諫臣がたくさんいました。それに加えて、文徳《ぶんとく》皇后というすごく立派な皇后がいるんですね。

谷沢　そうそう、これがまた出来すぎるほど立派な女性なんですね。

渡部　こんな偉い皇后というのはシナにはついぞいなかったんじゃないですか、

空前にして絶後。

谷沢　逆の意味で奸佞《かんねい》なのはいますけどね、則天武后《そくてんぶこう》とか西太后《せいたいごう》とか。でも、文徳皇后のような控えめな立派な皇后はいないですよ。

渡部　内助《ないじょ》の功《こう》が素晴らしかった。

谷沢　この人は三十六歳で太宗より先に亡くなるんですが、そのときに太宗に遺言するんですね。「私の親戚の者を重く用いることを絶対にしてはいけませんよ」と。シナの歴史では親類縁者が集まってきて皇帝を取り囲んでしまうのが常ですから、それを予見してあらかじめ「うちの親戚の者はぜんぶ放っといてください」と遺言したんです。

渡部　皇后のお兄さんはものすごく手柄を立てて、黙っていても宰相になるような人なんですけれど、それでもこの妹は「兄を宰相にするな」と言っていますね。これはまた奇跡的なことですよ。

また諫臣を大切にしなさいとも言っているし、さらに自分の葬式は簡素にと言っています。そんな皇后が太宗の脇についていたんです。

谷沢　そのあとに則天武后が出ますからね、余計に文徳皇后が光るわけです。

渡部　光りますねえ。実際こういうことがあったんですね。長楽公主《ちょうらくこうしゅ》という太宗がいちばん可愛がっていた娘が嫁ぐとき、太宗は自分の妹の婚礼のときよりもたくさんの嫁入り支度をさせたわけです。すると、魏徴が「それはいけません」と諫言するんですね。そうしたら「よくぞ言ってくれた」と太宗は魏徴をほめて、文徳皇后に伝えると、皇后も「魏徴の言っていることは公平であります」と喜んで、魏徴に褒美を与えるんです。

谷沢　君主の妹は長公主《ちょうこうしゅ》だから立派な嫁入り道具を揃えても結構だけれど、娘は一段下がる公主なのだから規模も一段縮小しなさいと魏徴は言うわけですね。皇后はそれを聞いて喜んだんです。

渡部　普通は恨みますよね。

谷沢　ええ、逆効果になりますよ。

渡部　せっかく亭主が自分の妹よりも豪華にしようというのを止められたわけですからね。恨んで当然なのに喜ぶというのですから、本当にこの皇后は伝説的ですね。

自らの延命よりも国家の法を優先した勇気ある皇后

谷沢　この皇后が病気にかかって、危篤になったときの話があります。皇太子の承乾《しょうけん》が皇后に申し上げてこう言ったんですね。

「医者も薬も十分に手を尽くしましたが、御尊体の御病気は癒《い》えません。どうか天子にお願いして囚人たちを恩赦《おんしゃ》し、あわせて人を得度して仏道に入れさせて、天の福の助けを受けられるようにしたいものでございます」

天の助けを得るために囚人を恩赦し、僧を増やすように太宗にお願いしてはどうですか、というわけですね。しかし皇后はそれを是としない。

「人の死生というものは天の意志によって決まるもので、人力の及ぶところではありません。もし福を祈り求めて寿命を伸ばすことができるならば、自分は平素から悪いことは少しも行ったことはないし、もし善を行って効果がないのであれば、どんな福を求めることができるでしょうか。

恩赦というものは国家の重大事ですし、軽々しく考えてはいけません。仏道というものは、むしろ天子が常に政治の弊害となることを心配しておられるものです。なぜ私のような一婦人の身をもって天下の法を乱すことができるでしょうか。あなたの言に従うことはできません」

と言うわけです。

渡部　すごい言葉ですな。

谷沢　だから仏教に対しても非常に警戒心を持っているわけです。仏教が唐に入ってくるのは太宗の晩年の話ですから、太宗自身はほとんど仏教には関心がなかったようですね。

渡部　この皇后は、自分の死ぬ間際に、天の助けを得るために恩赦をして、人を仏の道に入れさせてくださいという息子の頼みを断っているんですからね。これは大した人ですね。

谷沢　この皇后は本当に大人物ですよ。

渡部　この考え方は太宗以上のところがありますな。

最高の皇后のあとに出現した最悪の女帝・則天武后

渡部　しかし、こんな素晴らしい皇后がいたにもかかわらず、皮肉なことに、すぐその後に天下の悪妻が出てきて王朝を潰すわけです（笑）。

谷沢　則天武后ですね。則天武后というのは「后」とついているから皇后だと思っている人が多いんですが、あれは嘘です。シナの歴史は嘘の塊ですからね。則天武后というのは死後に貶《おとし》めてつけられた名前であって、本当は武則天《ぶそくてん》という皇帝なんですね。高宗という太宗の息子の妃であったことは確かですが、高宗の死後、王朝を乗っとって自ら女帝として君臨したわけです。だから、いっぺん唐王朝は断絶しているんです。

渡部　周という王朝になるんですな。

谷沢　そして彼女は位に就《つ》くわけですから、皇后ではなくて皇帝なんです。皇帝になって自分の敵はぜんぶ殺して、年号もぜんぶ変える。だいたい年号というのは漢字二文字なんですが、則天武后のときには盛んに改元して、四文字の年号をつくったりもしています。

渡部　漢字までつくってしまうんですね。

谷沢　則天武后漢字というのをこしらえる。徳川光圀《みつくに》の「圀」という字、あれは則天文字ですね。そういう好き放題をやった。だから則天武后が老いぼれたときに政府の高官が寄ってたかって引きずり下ろして、もういっぺん唐王朝を再建するわけです。

そのときに、女が皇帝になったことをどうしても認めたくない。だから「則天武后」という何の意味もない名前をつくって、歴史を消していったわけです。

渡部　前漢と後漢の間は相当の時間的距離がありましたけれど、前唐と後唐の間はごく短かったから、歴史に残さないというのも難しくはなかったのでしょう。

それにしても、文徳皇后のような素晴らしい皇后のあとにシナの歴史の中で最も野心的な皇后が出てきて、皇帝にまでなってしまったというのは皮肉ですね。

谷沢　則天武后というのは政治力があった。それから性質は獰猛《どうもう》で、権力欲が盛んで、性的欲求も強かったらしい。何しろ毎晩青年二人を必要としたと言われているんですから（笑）。そういう大変な女が出てくるのは、シナの特色なんです。

面白いことに、則天武后のまねをした女が日本に一人だけいます。それが光明皇《こうみよう》后なんです。光明皇后は聖武《しようむ》天皇がノイローゼになったときに天下を取るつもりだった。だから、光明皇后だけが、日本の長い年号の歴史で初めて四文字の年号をつくるんです。つまり則天武后のまねをしたわけ。光明皇后がもう何年か長生きしておったら、どんなことが起こったかわからない。

だから女が賢くて政治的能力があったら恐いですぞ（笑）。

第三章　強固な国づくりの根本理念

「其の身を陥《おとしい》るる者は、皆、財利《ざいり》を貪冒《たんぼう》するが為めなり」
（自分を災厄に陥れるのはすべて財産や利益を深く貪《むさぼ》ろうとするからである）
——太宗

「綸言汗の如し」――君主の言葉は重いもの

渡部　ここからは太宗《たいそう》と諫臣《かんしん》たちとの具体的な言葉のやりとりを見ていきましょう。まず最初に君主としての心構えを語った言葉が出てきます。太宗が重臣たちに言うわけですね。「君《きみ》たるの道は、必ず須《すべか》らく先《ま》ず百姓《ひゃくせい》を存すべし」と。

これは君主よりも百姓が重要だと言っているわけですね。人民を苦しめて君主が贅沢をするのは、自分のふくらはぎの肉を割いて食べるのと同じだと。それで満腹になっても死んでしまうぞ、と言うわけです。

よく上杉謙信が殿様よりも百姓が大事なのだという趣旨のことを家来に言っていますが、それは太宗の影響なのかもしれませんね。江戸時代の武士というのは、戦争がなくなったものだから、自分たちが何のためにあるのかとずいぶん考えたと思うんです。そこから、これからは民が重要だという方向に日本の思想は進んでいくわけです。

谷沢　なんと言っても民は経済的基盤ですからね。

渡部　そうです。だから太宗はこうも言うわけです。

「且《か》つ復《ま》た一《いち》の非理《ひり》の言を出《いだ》せば、万姓之《ばんせいこれ》がために解体す」

君主がちょっとでも変なことを言い出すと、万民がバラバラになってしまう。だから自分は自制しているんだ、という意味です。

もしペリーが来なければ日本の封建時代は何百年続いていたかもしれませんけれど、日本の領主の大部分にもこういう気持ちが出てきていたようですね。

谷沢　「綸言《りんげん》汗の如し」ですね。天子がいっぺん言うたことはもう二度と訂正できない。したがって、一旦言葉を発するときには慎重に考えたうえで言わないといかん。

このことを日本の為政者は十分にわきまえておったたですね。僕の考えでは、『貞《じょう》観政要《がんせいよう》』と『平家物語』の二つが平安朝以後の日本の政治構造にきちっと枠をはめたと思うな。

渡部　確かに封建時代に名君と言われた人は、太宗に劣らない反省力と自制力を持っていますね。

谷沢　藩政改革に成功した藩主というのは皆、『貞観政要』をテキストにしているわけですよ。

渡部　徳川時代の武士は、行政権、徴税権、司法権とすべてを握っていたのにだんだん貧しくなって、民のほうがだんだん豊かになっていきます。これは当時の日本の武士階級がいかに太宗的な発想を持っていたかという証拠ですね。

「君主は舟、民は水」
――水は舟を浮かべることも転覆させることもできる

渡部　「君は舟なり、人は水なり。水は能《よ》く舟を載せ、亦《また》能く舟を覆す」という有名な言葉がありますね。水は舟を浮かべることもできるけれど、転覆させることもできる。そして、舟とは君主であり、水とは人民である、と。諫議大夫《かんぎたいふ》の魏徴《ぎちょう》が引用して太宗に言った言葉ですが、この教訓はわかりやすいですね。上杉鷹山《ようざん》はまさにこの言葉を使っているんじゃないですか。

谷沢　民によって引っくり返されかねないというのは、国民から選ばれたのではない君主独裁の時代の宿命ですからね。実際は薄氷の上を歩むが如しなんですよ。

渡部　この言葉で思い出すのですが、シナは西洋の十八世紀に非常に大きな影響を与えているんですね。僕は大学でオリヴァー・ゴールドスミスの『世界市民』というエッセイを読まされましたけれど、当時のシナを理想化しているんですよ。その理想化のもとは、シナでは民を重んじなければ皇帝が引っくり返るという思想なんですね。この考え方はどうもヨーロッパにはあまり存在しなかったようですね。

だから、西洋の学者の中には、シナの思想がフランス革命に通じたと言っている人もいるほどです。まあ普通はルソーの思想がもとになっていると考えますけれど、当時の知識人は意外なほどシナの皇帝のあり方を理想化しているんです。実際には暴君がたくさんいたわけですが、貞観政要的な、あるいは孟子的な思想が西洋人にはピーンと響いたような感じがします。

谷沢　おそらく『孟子』の断片と『貞観政要』の断片との両方が伝わったんじゃないでしょうか。それがフランス啓蒙思想に影響を与えたようで、ダランベールをはじめとするフランス啓蒙派は、チャイナを非常に理想的な国であるというふうに考えています。

しかし実際のところ、はっきり文献にあらわれて、民のことを、あるいは地方のことを視野に入れて熱心に考えたのは、唐の太宗と清の雍正帝《ようせいてい》だけですね。

渡部　そうなんです。しかし清朝は不思議ですね。満洲族だったから、かえって漢民族を尊重したということがあるのでしょうか。

谷沢　満洲族だから、よりチャイニーズにならなければならなかったというわけでしょう。

連絡手段の限られていた遠方を無事に治めるための工夫

渡部　人民を重視するということと関係してきますが、太宗は貞観二年に、直接に人民を治める地方官こそ「国家の治乱に関係する重要な職責であるから、最良の人物を得なければならない」というように言っていますね。

それで「自分は毎夜、人民のことを思ってなかなか寝つかれないのだ。ただ地方の役人たちに人民をちゃんと養うだけの能力があるかどうか心配している。だから自分は屏風《びょうぶ》に地方官の名前を書いていつも見ている。そして、それらの地方官のもとに善いことがあれば、それを名前の下に書いている。自分は宮殿の中にいるから、見るのも聞くのも遠くまでは及ばない。地方官に委ねなければならない。だから地方官が重要な職責なのだ」と言っています。

谷沢　それで、その地方長官を定期的に上京させて報告させるわけですが、太宗は上京してくる地方長官がちゃんと安らかに泊まれるように宿舎を建築しますね。しかも、その建築を実際に検分しに行ったとあります。これは日本ではちょっとあり得ないことですね。

渡部　なかなかできません。地方官に対する気配りがとてもいいんですね。そこまで気を配ったのというのは、シナというのは派遣された土地で給料がもらえるわけではないから、地方官は適当に税金を取っているという事情があるわけですね。

谷沢　ええ。だから好き放題に絞り上げようと思えばできるんです。しかし太宗は、地方官が収奪をほしいままにすれば天下が傾くということをちゃんと知っていたわけですね。

渡部　太宗はそれを心配しているんですね。民にひどいことをしているのではないかと。皇帝がそこまで心配するというのは普通は考えられないことです。

谷沢　まったく考えられませんね。地方官を積極的にコントロールしたのは清の雍世帝だけでしょう。

渡部　今みたいに電話やファックスがあるわけでもないし、地方で何をやっているかわからないんですよ。太宗の言葉は、本当に地方に神経を使わなければいけなかったということをよく示していますね。

「天災は君主に徳が足りないから」と考えた太宗の強い責任感

渡部　先ほども少し話に出ましたが、太宗が在位した当初は天候不順の年が続いたわけですね。それを太宗は自分の責任と考えたという話が書かれています。貞観二年ですから、まだ在位して間もない頃ですね。この頃、旱魃《かんばつ》による大飢饉が起こって、非常に困っているという報告がきたんです。そうしたら太宗はこう言っている。

「水旱《すいかん》、調《ととの》わざるは、皆、人君《じんくん》の徳を失うが為《た》めなり。朕が徳の修まらざる、天當《まさ》に朕を責むべし。百姓、何の罪ありて、多く困窮するや」

つまり、「天候が不順なのは君子の徳に欠陥があるからだ。私の徳が修まらないのは自分一人に原因があるのだから、天は私を責めるべきである。人民にどんな罪があって、皆がひどい困窮に遭うのか」と言って民を気の毒に思っていろいろな援助の手立てを提案しているんですね。

当時は天気の悪いのも君主に責任があるという一つの迷信的な考え方がありました。そのために太宗もこんなことを言っているわけですが、この言葉からは、迷信を信じているというようなことではなくて、むしろ飢饉すらも自分の責任だと受け取る強い責任感が伝わってきますね。今は「天気が悪いのは政治家のせいだ」というような発想はありませんけれど、唐の太宗はそのぐらいの覚悟で皇帝をしていたということでしょう。これは立派な姿勢です。

谷沢　建前として皇帝の責任にする抽象論は昔からあるわけですけれども、それを本気で、あるいは具体的に「私の責任だ」と言ったのは太宗しかいないでしょうね。先にも言いましたが、太宗が即位して三年間は旱魃があったり大雨があったりで苦労するんです。四年経ってなんとか天下が豊かになるんですけれど、その間の民の困窮は自分の至らなさがゆえんであると太宗は反省しているんですね。

渡部　それに比べると、たまたま今年はシナが前例のない大雪で甚大な被害が出たらしいですけれど、それを援助しようと日本の政治家が強引に金を集めて送るというのはいかがなものかと。あれは自民党がみんなで寄付しようと言い出したわけですね。寄付しない人は言ってくれって。

谷沢　幹事長が言うんだから……。ということはつまり、寄付しない議員は次の選挙で公認しないという含みになるわけです。

渡部　寄付をする人が申し出るというのならまだわかるんですが、寄付しない人は申し出ろというのは脅しですよ。むしろ日本は、シナで天災が多いのは今の政府が悪いからだと言ってやるべきです（笑）。

谷沢　そうですよ。付け加えるならば、毛沢東《もうたくとう》は太宗と逆に「自分は最も徳の高い天子のようなものであるから、自分が指導すれば稲穂の上に寝ることができるぐらいに稲が発育する」なんて言っている。大逆心と言うしかないですよ。

渡部　そう言われて、日本の社会党の議員たちは「そうだ」って言ったんだから

(笑)。今のシナの指導者には、太宗のこのあたりの言葉を読ませたいぐらいです。

谷沢　太宗は貞観九年に魏徴に語って「百姓既に弊《つか》れ、其の君も亦亡《またほろ》ぶ」と言っているのですが、人民が実りなく疲れてしまえば帝王も滅ぶのだということを本気で考えようとしているんですね。

創業成ったあとの守成をいかにやり遂げるかが最大のテーマ

渡部　今までの話からもわかりますが、『貞観政要』というのは創業の成ったあとの守成をどのようにやり遂げるかということが大きなテーマになっていますね。

谷沢　貞観十年に太宗が群臣に質問をしています。「帝王の業《ぎょう》、草創《そうそう》と守文《しゅぶん》と孰《いず》れか難《かた》き」と。つまり、帝王の事業として、戦って天下を獲得することと、その天下を治めることのいずれが難きや、と聞くわけです。

渡部　創業か守成かというのは、日本中の社長が大好きな言葉です(笑)。

谷沢　そうすると房玄齢《ぼうげんれい》は「創業のほうが大事だ」と言うし、魏徴は「守成のほうが大切だ」と言うわけです。

房玄齢は太宗とともに唐の王朝をつくるために苦労した人ですからね。太宗は、房玄齢が創業の難しさを強調する立場もよくわかっている。一方、治めていく立場を強調する魏徴の考え方もよくわかると言って、天秤《てんびん》にかけて両方をバランスよく取り入れるんです。

渡部　そのうえで、もう天下は取って創業の困難は過ぎたのだから、これからは守成のほうに重きを置こうと太宗は言うわけですな。

谷沢　これから自分は施政をしなきゃならないから、諫議大夫だけじゃなくて他の連中もどんどんワシに忠告してくれとね。

渡部　この天下を守る難しさという話は『貞観政要』の中にはしょっちゅう出てきますね。

貞観十五年には、太宗が諫臣たちに「天下を守ることは難しかったか易しかったか」と問う場面があります。すると魏徴が「甚だ難しい」と答える。そうしたら太宗は「権限をすぐれた家来たちに任せて、その諫言を受け入れれば難しくないんじゃないか」と言うのですが、魏徴はその答えに納得しないんですね。

そして「昔からの王様を見ていると、国が危ないようなときは賢い家来を使い、その忠言も聞くけれども、安楽になると必ず心が緩んで怠るようになります。諫めようとする者も、王様に逆らうのを恐れて諫めなくなります」と忠告するんです。だから「安くして而《しか》も能く懼《おも》る」――安楽のときほど大いに警戒する必要があると言うわけです。

これは魏徴の言うとおりですね。玄宗《げんそう》皇帝なども最初の頃は名君と言われましたが、のちには楊貴妃《ようきひ》に入れ込んで駄目になってしまいました。

谷沢　魏徴は、貞観十一年には「高大な宮殿をつくることは危険であり、低い粗末な宮殿が安全である」と言って、豪華な宮殿をつくるようなまねをすれば天下人民の心がすべて離れてしまうと注意していますね。

そして、そういう贅沢をしなければ「天子の徳は自然に人民にしみわたり、無為にして天下は治まるでしょう。これが最上なる天子の徳でございます」と言っています。つまり、何もしなはんな、と。それでいて自然に治まるのが一番の徳であるというわけです。

逆に、創業の困難を忘れて土塀にまで彫刻を施すような贅沢華麗を追求すれば、人民は苦労するばかりで、天子の徳を認めない。「これが最も下なるやり方でございます」と論理的に説明していますね。

渡部　これだけ言われても、子孫の時代には駄目になるんです。

谷沢　玄宗も『貞観政要』を勉強すれば良かったのですが、しなかったのでしょう。

渡部　やはり守成は難しい。だから魏徴は、『詩経』にある「戦戦《せんせん》兢兢《きょうきょう》として、深淵《しんえん》に臨むが如く、薄氷を履《ふ》むが如し」という気持ちでないと国は治めることができないと言っているわけです。

谷沢　それは実力で天下を取った人の心境なのでしょうね。三代目になるとわからなくなる。

徳川政権を安定させたのは松平〝知恵伊豆〟信綱の機転にあった

谷沢　創業と守成ということで言えば、司馬遼太郎さんの小説に前田利家《としいえ》の細君のまつ、つまり芳春院《ほうしゅんいん》さんの話が出てきます。この人が利家の長男・利長に諭して言うんですね。軍神と言われた上杉謙信が一生費やして得たところは、結局五十万石に過ぎなかった。あなたはすでに百万石を相続しているけれども、その百万石を守り抜くことは謙信が五十万石をとることよりも難しいんだ、と。

渡部　創業と守成のいい喩《たと》えですね。

谷沢　家康は本音では前田家を潰したかったわけです。それで謀反の嫌疑をかけるんですが、芳春院はその手に乗るなと。

渡部　自ら進んで人質になって江戸へ下ったんですな。

谷沢　そうです。だから加賀は芳春院で持つと言われたぐらい。

渡部　利長は鼻毛を伸ばしたアホみたいな男で、その鼻毛がみっともないと言われたときに、百万石はこの鼻毛にかかっているんだと言ったという逸話《いつわ》が残っていますね。

谷沢　そうそう。そして家康側近の本多正信《ほんだまさのぶ》の次男を五万石の家老に迎えるわけですが、その傍におるのが嫌だからと遠い所へ隠居するんです。

渡部　それぐらい守成というのは難しいんですね。

谷沢　僕の考えでは〝知恵伊豆〟と称えられた松平伊豆守信綱《まつだいらいずのかみのぶつな》が大名のおとりつぶしをやめたんですね。それまでは天下に浪人が氾濫していて、いつ発火するかわからない状態だったと思います。実際に島原の乱が起こったり、由比正雪《ゆいしょうせつ》が幕府転覆を企てた慶安の変が起こったりしていますからね。浪人というのは時限爆弾のようなものだったわけです。

徳川の三代か四代、だいたい知恵伊豆が幕閣を牛耳《ぎゅうじ》るようになったときから、やっと徳川幕府は安定したと思われるんですよ。まだ家光《いえみつ》の頃はいつ何が起こるかわからんという感じだった。

渡部　とにかく大名家を潰せというような方針でしたからね。

谷沢　だから徳川二百六十年、国内はまったく平和であったというのは嘘であって、本当は初期の頃にはまだ時限爆弾があったわけですよ。そのとき、おとり潰《つぶ》しを続けて浪人を増やしたら幕府が危ないと考えたのは知恵伊豆だと思います。松平信綱が老中になって以後、おとり潰しをやっていませんからね。

それまでは加藤清正《きよまさ》の加藤家の浪人、福島正則《まさのり》の福島家の浪人というのがいっぱいおりました。あれは二代秀忠《ひでただ》の時代の間違いですね。

渡部　加藤にしろ福島にしろ潰す必要があったんですかね。

谷沢　必要ないでしょう。もう天下の形勢は決まっているわけだから、潰さなくても徳川幕府は安全だった。福島や加藤が一旗挙げて攻め上がってくるようなことはあり得なかった。あれは感情問題だと思うんですよ。

渡部　ただ単に豊臣恩顧の大名を一つでも減らしたかったんでしょうな。

谷沢　ええ。それから譜代大名をもっと増やしたかったんですね。

国を治めるのは病気治療と同じく「よくなったときが肝心」

渡部　太宗は貞観五年に「国を治むると病を養うと異なること無きなり」――国を治めるのと病気を治すのは同じことだと言っています。

つまり、病気は治り際が大切であって、そこで油断してやってはいけないことをやると命を落とすこともある。国を治めるのも同じで、天下が安泰のときにこそ、ますます慎まなければいけない。安泰になったからといって奢《おご》ると一挙に崩れることがある、というわけですね。

谷沢　これは明らかに漢の武帝《ぶてい》を念頭に置いているんですよ。それから隋の煬帝ですね。つまり漢の武帝のときは天下泰平で国庫も非常に豊かだったわけです。ところが大帝王はそこで要《い》らんことを考えるわけ。匈奴《きょうど》を制圧してさらなる領土拡大をしようとね。

渡部　ここで非常に重要なのは、太宗が「天下の安危《あんき》、之を朕《ちん》に繫《か》く」と言っていることなんです。天下が安泰であるか危険であるかは私一人にかかっているのだ、という意識を持っていたわけですね。これは帝王としては大変な言葉でしょう。

谷沢　そうですね。チャイナの場合は、帝王の座は保証されていないわけですよ。即位をしたから現在は帝王として君臨していても、それが何代続くかは見当がつかない。いつ天の命が革《あらた》まって、王朝が引っくり返るかわからない。だから、ほんとは先ほど先生が言われたように「戦戦兢兢として、深淵に臨むが如く、薄氷を履むが如し」の姿勢であるべきなんです。

守成を成功に導いた「君臣は一心同体、独裁は必ず失敗する」という意識

渡部　太宗はそれがよくわかっていたんですね。だから家来を「耳目股肱《じもくここう》」にたとえていますね。今では「股肱の臣」というように言いますけれど、家来たちは自

分の耳であり目であり腕であり股である、と。そのように皇帝と臣下は決して離れては駄目だ、力を合わせてやろう、と。この感覚が重要だと思うんです。

谷沢　それは複数で意思決定を行うということですね。単数、独裁ではいけないんです。一人で決めていると、要するに〝目っかち〟になるわけです。それでは駄目なんで、聴力も視力も何もかもが備わっていなければいけない。

渡部　〝目耳〟というのは情報ですよね。それから〝股肱〟は実際に手足となって働く人。これがないといけない。一体感が必要だということですね。

谷沢　ヤル気のある部下との間に共感がなければならない。

渡部　やはり成功した武将とか天下を取った人は、部下との一体感がありますね。

谷沢　殊に唐の太宗の場合はほんとに実力で天下を取ったわけですから、いつまた実力を持ったやつに倒されるかわからないという意識があったでしょう。これは日本の戦国武将を見ればよくわかる。

渡部　そうでしょうね、それは。

仁義道徳と人格を重んじた王道政治が太平の世をつくる

渡部　今度は貞観七年の話です。太宗が天下をとって間もない頃に、「今は隋末の大乱のあとだから、民心が荒廃して、すぐには平和に治まった世の中をつくり出すことはできないだろう」と臣下に向かって言ったわけです。すると魏徴が「そんなことはありません」と言って、仁義道徳や人格を重んじる政治、つまり帝道王道を行うことを勧めたんですね。

まだ世の中が治まらない頃に理想の国づくりを唱えたところで実現できるわけはないと考える人はたくさんいたでしょう。実際に太宗もそう考えていたわけです。しかし、魏徴はそういうものではないのだと言うわけですね。

そして太宗がその意見を受け入れてやってみたら、数年のうちに平和が訪れた。突厥《とっけつ》というような強い蛮族《ばんぞく》までも従ってくるようになったというわけです。「すべて魏徴の力である」と、太宗は群臣たちの前で魏徴を褒め上げています。それで太宗も、いくら世の中が荒れているからといっても武力だけで制圧しようとしても駄目で、やはり王道というものが必要なのだと気づいていく。武力で国を統一した人がそう言っているわけです。

谷沢　文化の力を強く持てば蛮夷《ばんい》といえども従って貢献してくるということを魏徴は言っていますし、また事実だんだんそうなっていくわけですね。

武力頼みの統治には限界がある、治世の鍵はいかに民間を活用するか

渡部　結局のところ、最初は武力がなければ始まらないけれど、いつまでも武力頼みでは駄目なんです。それで僕はドイツとイギリスの差ということを思うんですね。イギリスの植民地獲得はとにかく武力なんですよ。しかし、獲得してからは武力でゴリ押しすることは抑えるところがありました。

谷沢　インドの統治が典型的ですね。ほんのわずかな人間であの大地を統治したわけですから。

渡部　だからインドが独立してからも、インド人の理想はイギリス人みたいに生きることでしたね。独立は求めるけれど、イギリス人の生活を理想とするみたいなところがありました。

一番癪《しゃく》にさわるのは、シンガポールなどではイギリス人が治めて、シナ人はみんな使用人だったわけですよ。それなのに日本軍が行くと皆ゲリラみたいになって、シナ人は日本軍に刃向《はむ》かっているんですな。これなどはやはり、当時のイギリス人は使用される側の人間にとっていい主人であったという証拠でしょう。

谷沢　そうですね。人材もその中から登用したんだと思う。だからインド政庁というものが確かにあったわけで、そこに不平分子であっても有能な人はどんどん取り入れていくということをやったんじゃないでしょうかね。

渡部　塩野七生《ななみ》さんは、それをヨーロッパで最初にやったのはジュリアス・シーザーだったと言っておるんですね。でも考えてみたら、日本の台湾統治、朝鮮統治もジュリアス・シーザーと同じなんですね。台湾からも貴族院議員を出していますし、朝鮮統治にしても県に当たる行政のトップになった朝鮮人が何人もいます。日本の統治そのものは悪くなかったと思うんです。

実際に、台湾や南洋群島では今もって日本の統治は良かったと言っているわけです。ただ敗戦によって、日本の統治のよさを根づかせる時間がなかった。それと、残念ながら戦争中は日本軍も食料弾薬がすべて不足したものですから、現地調達を余儀なくされました。そのため、戦場になった地域の人たちは「日本が来たからひどい目に遭った」という印象を抱かざるを得なかったのは確かだと思います。それは非常に残念ですね。

谷沢　中国の経済復興は毛沢東の時代からすでに東北部、つまり満州地域からはじまったわけで、それは、日本がととのえていった社会資本の充実が根幹だったわけでしょう。その厳然たる事実を率直に認めなければいけないんですよ。

渡部　日本国内に帝国大学が七つしかないのに、ソウルと台北《タイペイ》に帝国大学をつくっているわけですからね。単純に武力制圧しようとしたわけではない。

それともう一つ指摘したいのは、明治期までは本当の意味で人材と呼べる人が統治に行っているという点です。児玉源太郎が台湾総督として行ったり、後藤新平が行ったりしていますからね。ところが大正になると、その地位が政争の具になってしまった。そこで日本は間違えましたね。

罰せられる者が少ないことを理想とする政治

渡部　貞観元年ですから即位してすぐの話ですね。「棺を鬻《ひさ》ぐ者は、歳の疫《えき》あらんことを欲す。人を疾《にく》むには非《あら》ず。棺の售《う》るるを利するが故なるのみ」という故事を太宗が引いています。

これは、棺桶を売る者は疫病が流行《はや》るのを望む。それは別に人を憎んでいるわけではなくて、たくさん死ねば棺桶がよく売れると考えるからである、という意味です。それと同じように、「今、多くの司法官が自分の仕事の成績を上げるために、厳しく取り調べて刑罰を重くする傾向があるのではないか」と太宗は心配しているんです。

谷沢　これは現代でも通用する話です。国策捜査という大義名分を掲げて狙った獲物に過大な刑を課して自分の手柄とする検察が今も横行しているでしょう。

渡部　そうですね。それで太宗は死罪にする基準を引き上げたんですね。具体的には「宰相《さいしよう》と中書省《ちゆうしよ》・門下《もんか》省の四品《しほん》以上の高官及び尚書《しようしよ》と九卿《きゆうけい》とに命じて、死罪の可否を評議させよう」というのですから、死刑判決を下すことがかなり難しくなったわけです。その結果、無実の罪で死刑に処せられる者が減り、四年間で死刑にした者は天下で二十九人と、ほとんど刑罰を実施することがないような状態になったとありますね。逆に言えば、それまでは太宗が心配したとおり、無実の民が司法官の実績稼ぎで死刑にされていたというわけでしょう。それもひどい話です。

日本において死刑に対してものすごく慎重に判断したというのは、徳川幕府がそうでしたね。

谷沢　そうです。重刑を課するか否かについて幕閣では老中が審議していますからね。

渡部　京都で悪事を働いて、当然死刑に処せられるべき罪人を死刑にしてもいいかどうか、わざわざ江戸にお伺いを立てていたという話を読んだことがあります。これは貞観政要的な発想ですね。

谷沢　地方長官が独断で判断してはいけないわけです。それで地方長官が江戸にお伺いを立てると、老中が会議をするわけですよ。その老中たちの中でも、多数決ではなくて話し合いで決める。老中の会議に多数決はなかったんです。だから一人が正論を吐いて「その罪は死刑に値しない」という老中がおったら、それで取り消しになるわけです。

渡部　太宗の頃に比べると、今のシナは殺しますな。

谷沢　殺しますねえ。シナに限らず、革命家というのはすべてそうです。レーニン、スターリン……。

渡部　ポル・ポトにしてもね。

谷沢　どれだけ殺したことか。

渡部　江戸時代にも死刑の多い年はあるんですよ。少なくなったのは幕府が安定して何十年も経ってからです。現代の中国で、死刑の多かったときには内臓移植の注文が多かったそうですね。儲《もう》かるのでしょう。そのために死刑を増やして、死刑囚から取ったといいます。

谷沢　それでも江戸時代実際には、市中引廻《しちゅうひきまわ》し、張り付け獄門《ごくもん》というのは、よっぽどのことがない限りなかったんですよ。大抵は島流しですね。

渡部　確かに日本の時代小説を見ると、人殺しが多過ぎます。半七捕物帖《はんしちとりものちょう》から銭形平次からね。あれを見ると、ものすごくたくさんの犯罪があったように思ってしまいますが、本当はそうじゃないですね。

僕は今でも忘れ難いのは、私の恩師の佐藤順太先生が言っておられたことで、幕末になるまでの二百五十年の間に庄内藩で刀を抜いた事件は一件しかなかったという話なんです。庄内藩というのは藤沢周平の海坂《うなさか》藩のモデルです。藤沢周平に『又蔵の火』という小説がありますが、あれは実話なんです。あとは全部つくり話(笑)。

だから日本の時代小説にあるように江戸時代には人殺しがたくさんあったなんていうことはないんですね。ところが今、アメリカでは百人に一人の割合で牢獄に入っているそうですよ。

谷沢　多いですね。

法律を振り回して害を及ぼしている今の官僚たち

渡部　平安朝の頃には、死刑がないのがいいことなんだという発想があったようで、三百年近く死刑のない時代が続きました。桓武天皇以来、『貞観政要』を読んで来たわけですから、死刑がないことを理想としていたのでしょう。だから軽々しく死刑にしなかったんですね。そのために泥棒が増えて困ったという話があります。

谷沢　養老律令《ようろうりつりょう》とか大宝《たいほう》律令の頃には警備意識がなかった。悪人がおるという前提がなかったんです。現実とのギャップが生じてきたところで急遽、律令にない令《りょう》外《げ》の官として検非違使《けびいし》という警察官を置いた程度です。

渡部　司法の問題については貞観十六年にも出てきます。「仍お獄《ごく》を主《つかさど》るの司《し》の利《り》、人を殺し人を危《あやう》くして自ら達し、以て声価《せいか》を釣《つ》るに在《あ》らんことを恐る」と言っているのですが、これも「裁判を司る官僚が悪い奴をたくさん死刑にしたといって名声を得るようなことがないようにしよう」と言っているんですね。つまり、自分の職務に熱心な姿勢を示すことによって、かえって大きな弊害が出ることを太宗は戒めているわけです。

現代では、ある種の裁判官はこの逆をやって名前を上げようとしていますね。罰するべきものを許してしまっている。

谷沢　マスコミもそれを煽《あお》っていますね。リクルート事件なんていうのは、その最《さい》たるものですよ。

渡部　それから公務員である公立学校の教師が公の場で国旗国歌に敬意を表さないことで教育委員会から譴責《けんせき》を受けたというので裁判に訴えたら、裁判官は教育委員会がけしからんと。これもおかしな話ですが、こういう裁判官が左翼的新聞からは褒められるわけです。

唐の時代の裁判官は、多数の者を厳しく裁いたということで名声を上げようとしたけれど、戦後日本では当然罰するべき者を罰しないことで名前を上げようとする裁判官が出てきた。なんとも不思議な時代です。

谷沢　変わった判決を出すとマスコミが大きく取り上げてくれますからね。

渡部　それから今の官僚制度は法律を振り回しているように思います。それでかえって国家に害をなす官僚が多いのではないでしょうか。変なところから変な法律を引っ張り出してきて取り締まったりしているわけですよ。

谷沢　それも悉《ことごと》く世間の話題になるように仕向ける売名行為ですよ。

渡部　太宗は官僚制度の中で一番重要なのが刑罰だと言っているわけです。だから権力を振るう立場にある人は、もっと謙遜しなければならんということを教えているんですね。その本質は時代が変わっても不変であるはずなのですが、今は失われてしまっているように見えてしかたありません。ぜひとも官僚には『貞観政要』を読んでもらいたいものです。

財産利益を深く貪ろうとするがゆえに災厄が訪れる

渡部　今の司法官が自らの点数稼ぎに罪をでっち上げるという話とも関連しますが、貞観十六年に太宗が周囲の人にこう語っています。「其の身を陥《おとしい》るる者は、皆、財利《ざいり》を貪冒《たんぼう》するが為めなり」と。これはつまり、自分を災厄に陥れるのはすべて財産や利益を深く貪《むさぼ》ろうとするからである、ということです。

そして、その例として昔の人がこう言っていると。

「鳥は林に棲んでいるが、それでもなお、その木の高くないことを恐れて、さらに木の高い所に巣をつくる。魚は水中に隠れているけれど、それでもなお、その水の深くないことを恐れて、さらにまた奥底の穴に住んでいる。それなのに人間に捕まるのはなぜか。それは皆、餌にひっかかってしまうからだ」

それと同じように、人間も財産や利益を貪ろうとするがゆえに災いを招いているわけですね。特に禍福というものがあらかじめあるわけではなくて、みんな人が招いていることだと言っているんです。

確かに最近の汚職事件を見ていると、政府高官が引っかかるのはすべてここですね。

谷沢　そうです。とりわけシナ人ほど財を貪ることに執念の強い民族はありませんからね。あれはちょっと日本人には理解できない。

渡部　理解できませんね。

谷沢　ついでながらに言うと、古来よりシナ人はまず科挙《かきょ》を通って政府の高官になるという道を目指すわけですが、その道を歩まない人は、次なる手として大運河に沿った繁昌している都市で大金持ちになることを目指す。大金持ちになることが生き甲斐になるわけです。

ところがここから面白いところで、単に大金持ちになっただけではシナでは尊敬されないんです。そこで自分は学問がなくて著作をしたりすることはできないから、代わりに学者を集めて大編纂《へんさん》物をこしらえる。そういう編纂物をつくったということとで、いわば社会的な人気を得ようとするんです。そういう循環があったために無用の叢書《そうしょ》類が歴代にわたってたくさん編纂されています。

その結果として後世に残った書物もあるわけですが、今のシナにはそれすらないですね。

渡部　ただ貪るばかりです。

谷沢　で、あとは貪った金をどこへ投資するかと考える。太宗がこの現状を見たら大いに嘆くことでしょう。自分があれほど言ってきたのに何をやっておるのかと。

渡部　この人たちにも『貞観政要』を読んでもらう必要がありそうですな。

第四章 「公平第一」が成功する人材登用の秘訣

「人、自《みず》から照らさんと欲すれば、必ず明鏡を須《もち》う。主《しゅ》、過ちを知らんと欲すれば、必ず忠臣《ちゅうしん》に藉《よ》る」

（自分がどういう人間であるか見ようと思ったら鏡を用いる。君主が自分の過失を知ろうと思えば必ず忠義な家来が必要だ）——太宗

人材不足を嘆くのは「人探しの能力がない」と言うに等しい

谷沢　『貞観政要《じょうがんせいよう》』には人材をいかに使うか、という話がよく出てきますね。一つ挙げると、魏徴《ぎちょう》が「天下に賢者がいないということはありません。それは必ずおるものです」と言う場面があります。賢者を見る目があれば、あるいは賢者を採り上げようとして天下を見渡せば、賢者は必ず見つかるものであるというわけです。

これは人材登用をするときの心得と言っていいと思いますが、太宗《たいそう》もこの意見に納得して「人を見分けることを自分は熱心に考えているんだ」と言っています。

人材がいないというのは、昔から無能な経営者が必ず言う科白《せりふ》です。これは自分には人材を発見する能力がない、と表明しているようなものでしょう。

渡部　確かにそうですね。要するに「野《や》に遺賢《いけん》なし」なんていうのは探さないのが悪いんだということですね。

それは貞観二年に太宗が封徳彝《ほうとくい》にはっきり言っています。

「平和な国をつくり出す根本は、立派な人材を得ることにある。そういう立派な人を推薦するように命じたのに、一人も推薦してこないではないか。おまえが見つけてくれなければ、自分は誰に頼ればいいんだ」と。

さらにこんなことも言っている。

「昔の偉い皇帝は、臣下の人を使うのに器量に応じて使った。才能のある人を他の時代から借りてきたわけではなくて、皆すべて、その時代の中から採用したのだ。殷《いん》の高宗が傅説《ふえつ》を夢に見たり、周の文王が呂尚《りょうしょう》と出会うというような奇跡を待ってから、政治をするものがあるだろうか。いつの時代にも賢才がいないということはない。ただ、賢才がいるのに知らないことを自分は一番心配しているのだ」と。

そう言われた封徳彝は顔を真っ赤にして恥じたとあります。

登用した人を試すような行為は恥ずべきことである

渡部　貞観の初年に「魏《ぎ》の武帝《ぶてい》の詭詐《きさ》多きを以て、深く其の人と為《な》りを鄙《いやし》む」と太宗が言っているんですね。

これはどういう状況で出た言葉かと言いますと、おべっか使いの家来がいまして、自分のことを棚に上げて「佞臣《ねいしん》を去らんことを請う」、つまり、「おべっか使いの家来を排除したほうがいい」という意見書を太宗にあげたんです。

そこで太宗は、「自分が任用している臣下はみんな立派な人間だと思っている。お前は誰が邪《よこしま》な考えを持っているのか知っているのか？」と聞くわけです。

すると、その男は「私は明らかには存じません。どうか陛下が怒ったふりをして、群臣たちを試してみてください。もし陛下がお怒りになったのも恐れずに、遠慮なく自分の正しいと信ずる意見を諫言《かんげん》する者があったら、それは正人でしょう。どんな仰せにも唯々《いい》諾々《だくだく》と従う者があれば、それは佞人でしょう」と言ったんですね。しかし太宗はそんなことに同意はしません。「私は『流水の清濁はその源に原因がある』という言葉を聞いている」と言って、自分が偽って怒ったふりをして臣下を試すなどというのは「水源が濁っていながら川の水が清いことを望むのと同じ」だと言うわけです。君主がそういう偽りごとを働いていて家来が偽りをやらないわけがないじゃないか、と。

そして、その意味では、魏の武帝は人を偽り欺く行為が多いので、自分はかねてからその人柄を卑しみ軽蔑しているんだと言っているんです。

谷沢　そうそう。魏の通称武帝、つまり曹操《そうそう》は相当な謀略をめぐらす人物でありましたからな。

渡部　謀略をめぐらしますね。

谷沢　だから曹操は、彼の代では天下を取れなかったわけです。彼の息子がやっと魏王朝をつくります。

ただし、『三国志』の面白いのは曹操が人を騙《だま》す、その騙し方の上手さというところにあることも確かなんですよ。

渡部　曹操がいなければ『三国志』は面白くありません。

谷沢　そういう人を騙すようなことは絶対にやらないと太宗は言っているわけだから『貞観政要』は面白くないんですよ（笑）。

渡部　それはそうですね。曹操という男は、人を騙しても人からは絶対に騙されないというやり方をしますからね。太宗とはまったく違います。曹操の「人と為りを鄙む」という言い方が面白いですね。太宗という人は昔の英雄に左右されない、ちゃんと自分のあるべき姿を見ているわけです。そこが偉いですね。

谷沢　そうなんです。振り回されないでね。

渡部　むしろ、自分の判断基準で曹操のような人間は嫌だと言うんですからね。そこがすごいところです。

谷沢　曹操はシナではずっと人気者ですからね。太宗は、そういう人気者であるからといって敬服しないわけです。

賞罰をいかに与えるかが国家にとって最大の重要事項

渡部　これも人材登用と関連する話ですが、太宗が「賞罰こそ一番重要だ」ということを言っています。貞観元年の話ですから、唐王朝ができたばかりの頃です。太宗は房玄齢《ぼうげんれい》とか杜如晦《とじょかい》とか長孫無忌《ちょうそんぶき》といった臣下をそれぞれ一国の公に封じて、勲功《くんこう》第一等の地位と食邑《しょくゆう》千三百戸という禄を与えたんです。そうしたら太宗の叔父の淮安《わいあん》王神通《しんつう》という人が不平を言ってきた。叔父さんはこんな文句を言ったんです。

「隋の末に陛下の父上の李淵《りえん》が太原に兵を挙げたとき、私は部下を連れて真っ先に到着しました。ところが今、陛下の賞の与え方を見ていると、房玄齢や杜如晦は文書を司る役人であって、私のように戦場で戦ったわけじゃない。それなのに、彼らを勲功第一位に置くというのは承知できません」

命を賭けて戦ってもいない者が、どうして勲功第一位になるのかと言うわけです。

谷沢　それは武将にとってはもっともな疑問でしょうな。我が国では大久保彦左衛門の名で記憶される『三河物語』がまずこの場合に該当しますね。

渡部　そうなんです。しかし、それに対して太宗は明快に答えているんですね。また、こういうときにシナには過去にいい例があるわけですよ。

太宗はまず、「国家にとって一番重要なのは賞と罰がはっきりすることなのだ」と言っています。「賞が功労に相応していれば功のないものは自然と引き下がるし、罰が罪に相応していれば悪を行う者は恐れおののく。だから、賞罰は軽々しく与えてはならないし、自分も勲功をじっくり判断して賞を与えたのだ」と言って、漢の高祖の例を持ち出すわけです。

漢の高祖《こうそ》が勲功第一とした蕭何《しょうか》は、戦場での軍功はなかったけれども、後方から指令を発して、戦後には高祖を天子に押し上げるのに大きな力となった。それが漢朝においては第一の功であったから、蕭何は重く用いられているのだ、と。戦場に出て働くことが必ずしも一番の功ではないと太宗は言っているんですね。

『史記』には、高祖のこんな言葉がありますね。「獲物を取るときに、ウサギを追う犬と犬を使う人間とどちらが重要か。お前たちは犬だ。蕭何は人間の役をしたのだ」と。

谷沢　ひどい言い方です（笑）。しかし急所をしっかりと押さえている。

渡部　そうなんです。でも、そういう理由で高祖は、戦場で働いた人よりもそれを上手く動かした蕭何のほうを勲功第一と認めたわけです。この蕭何の話は非常に有名ですから、太宗も叔父の疑問に答えるために、すぐにこの例を持ち出しています。

さらに太宗は言っています。

高祖、つまり自分の父は親戚の者を拾い上げて、弟、甥《おい》、従兄弟《いとこ》など王に封ぜられたものが数十人もいた。しかし、そのように遠い親戚までも残らず王に封じ、たくさんの給付金を与えれば、これは万民を労苦させて自分の親族を養うことになる。だから自分は、皇族の中でも格別の功労のないものは王から公に格下げをしたのだ、と。これはシナでは大変なことですよ。

谷沢　そんなことをやっているのは太宗だけです。取り巻きたちを重用すると国が駄目になっていくことがよくわかっていたんでしょう。太宗は晩年の貞観十七年にこう言っています。

「功臣の子弟の多くは、才能もなく品行が悪く、先祖の勲功のお陰でそのまま大官の地位にいる。だから、徳義は修まらないし、贅沢を好んでいる。主君は幼弱である上に、臣もまた不才である。だから国家が倒れかかっても支えることができない」

だからこそ、勲功の評価については慎重でなければならないと考えていたのではないでしょうか。その姿勢は創業当初から一貫していたわけですね。

法とは万民のためのもの、親族を特別扱いにしてはいけない

渡部　太宗が帝位に就いた年の話の中に、「法は朕一人《ちんいちにん》の法に非《あら》ず。乃《すなわ》ち天下の法なり」という言葉が出てきます。どういう状況で発せられたかと言うと、文徳皇

后の兄である長孫無忌が誤って刀を腰につけたまま宮廷に入ってしまったんです。これは法規に反することだったのに門番が咎《とが》めなかったというので、諫臣の封徳彝が門番を死刑に処すべきであると太宗に進言するんです。その一方で、長孫無忌は皇后の兄ですから、懲役二年と罰金を科そうというわけです。

そのときに戴冑《たいちゅう》という人が反対意見を述べるんです。帯刀したまま宮廷に入ってはいけないというのを見逃した門番は確かに職務を怠ったのだから、死刑に値する。しかし、それならば長孫無忌が帯刀したまま入ったのも同罪である。もし、長孫無忌の罪を軽くするのならば、門番の刑も同等に軽くすべきである、と。

すると太宗も納得して「法は天子である私一人のための法ではない。それは天下万民のための法である」と言って、結局は門番の死刑を免除してやったということです。

谷沢　漢の武帝が出てくるまで、つまり高祖からしばらくの間は、皇后の親戚が宮廷を支配しておったわけです。そのことを魏徴が何遍も繰り返し言っています。親戚というのは昔から怖いもんでしてね。明治大正の頃でも、相当な家があっという間に潰れたという場合が多いんです。何が起きたかと言うと、親類の振り出した手形の裏書をするとか借金の保証人になるとかいうことなんです。明治大正の時代にちゃんとした家の主で家督を継いでいる人は無茶苦茶な浪費なんてしないんです。そんな家が潰れるというのは、ぜんぶ親戚の借金の肩代わりですよ。

だから鴻池の家訓には「いかなることがあっても親戚に金を融通してはならない」とあるんです。鴻池家には江戸時代からそういう家訓がありましたから、生き延びたわけですね。

渡部　規模はうんと小さくなりますけども、夏目漱石《そうせき》の『道草』というのは、まさに親戚から借金を頼まれた主人公が悩む話ですな。

谷沢　そうです。

渡部　奥さんのお父さんから借金の申し込みがあってね。それでグダグダ悩むというのが『道草』という小説です（笑）。

谷沢　当時においては非常に断りにくかったんですよ。

渡部　そういうことなんですな。

谷沢　鴻池は親戚の借金の申し入れを全部断ったから続いたんです。

渡部　食えないから米をくれというのなら危なくないですけれど、保証弁償っていうのは怖いですね。

谷沢　とりわけチャイナの歴史はすべて王の姻戚がつくっているわけですからね。その取り扱いを誤って国が滅びたという事例はいくらでもあります。太宗はそのことをあらかじめ予知したわけです。

まあ、これは日本でも藤原家が同じようなことをやっていますから、あまりそのことは言えないですけどもね。

渡部　親族、功労のあった部下をどう処遇するかというのは、現代の経営にも通ずる話ですね。それを誤って潰れていった企業は枚挙《まいきょ》にいとまがありません。親戚であっても特別扱いしないという太宗の姿勢からは学べることが多いですね。

部下から正直な意見を引き出すために行った太宗の工夫

渡部　次に、太宗が部下への接し方に気をつけたという面白い話があります。太宗という人は非常に威厳があったので、家来たちも太宗の前へ出ると圧倒されてしまって普通の態度がとれなかったようですね。

谷沢　まだ李世民《りせいみん》と名乗った頃から、一目見て「これは英雄だ」と皆が思ったというほどの人物ですから、威圧感はあったでしょう。

渡部　それで太宗はなるべく穏やかな顔をしようと努力したというわけです。彼はこう言っています。「人、自《みずか》ら照らさんと欲すれば、必ず明鏡を須《もち》う。主、過ちを知らんと欲すれば、必ず忠臣《ちゅうしん》に藉《よ》る」と。

自分がどういう人間であるか見ようと思ったら鏡を用いる。君主が自分の過失を知ろうと思えば必ず忠義な家来が必要だ、という意味ですね。さらに、もしも君主が「自分は偉いんだ」と思ったら臣下は忠言も出せない。その結果、国を滅ぼすことになってしまう、と太宗は言っています。だから、なるべく自分は穏やかな顔をして臣下の者がものを言いやすいように心がけているのだ、と。これはもう大君主としての心がけと言っていいでしょう。

谷沢　実力によってあの大陸を制覇した男がこんなこと言うんですから、大したものです。

渡部　僕は、これが信長だったらどうだろうと考えるんです。信長も恐かったでしょう。

谷沢　それはもう。

渡部　しかし、信長は『貞観政要』を読まなかった。読んでいれば織田幕府ができていたかもしれない。

谷沢　当然できていたはずです。あれほど家来に当たり散らさなければね。とにかくみんなが恐れて直言する人がいないわけですから。

渡部　直言すると罰せられるわけですからね。だから信長の悲劇は『貞観政要』

を読まなかったこと。秀吉も読まなかった。家康に至ってようやく読んだわけです。その結果は歴史が証明していますね。

谷沢 ええ。結果として『貞観政要』を読んで学んだ北条、足利、徳川というのは永続している。守成の難きことを学んだんですな。

部下を詰問すれば決して正直な言葉を聞き出すことはできない

谷沢 それから貞観十八年に太宗が「己《おの》がの過ちを聞かんと欲す」と言って、臣下に自分の過失を直言することを期待しているのだ、と語る場面があります。

渡部 貞観十八年というと、皇帝になって二十年近く経った頃ですね。そこで太宗はこう言うわけですね。

「夫《そ》れ人臣の帝王に対《こた》うるは、多く意を承《う》け旨に順《したが》い、甘言《かんげん》して容《よう》を取る」――家来というものの多くは、君主の意に沿うようにおべっかを使うものであるけれども、

渡部　信長の悲劇は『貞観政要』を読まなかったこと。秀吉
も読まなかった。その結果は歴史が証明していますね。

谷沢　『貞観政要』を読んで学んだ北条、足利、徳川というのは永続している。守成の難きことを学んだんですな。

「朕、今、己の過ちを聞かんと欲す。卿等《けいか》、皆、直言す可《べ》し」――私は今、自分の過失について聞きたいと思っている。だから、お前たちは皆、遠慮なく意見を言いなさい、という意味です。

谷沢　ところが太宗という人は何しろ英明な天子ですから、魏徴のように学識があって肝っ玉が据わった人が理を尽くして諫言《かんげん》すればよく聞き入れるけれども、いい加減な連中がうっかり諫言すると、その理屈は間違っているではないかと、こてんぱんにやっつけてしまうわけですね。

そこで劉洎《りゅうき》という臣下が「それでは臣下は恥じ入って何も言えずに退出するしかございません」と言って、詰問をすることは臣下の直言を誘い出す方法というものではないと指摘するわけです。

それに対して太宗も「卿《けい》が言是《ぜ》なり。當《まさ》に卿の為に之《これ》を改むべし」と言って劉洎の指摘を認め、自分の欠点を改めようと反省している。

渡部　これは会社の社長にも適用できるでしょう。社長になって十八年も経てば、「なんでも言ってくれよ」と言っておきながら、実際に部下が何か言ってくると

「そんなこと言っちゃ駄目じゃないか」と言いたくなるでしょうな。

谷沢　ええ。太宗も在位して十八年にもなると、治世についての自信も十二分についてきて、即位当初に厳粛な威容を努めて和らげて臣下に進言しやすくするよう努力した頃とは少し違ってきたわけですね。

渡部　どこか緩むんでしょうな。

谷沢　それは人情の自然でしょうね。ところが、ちゃんとまた諫臣が「陛下はこの頃、偉そうにしはりますよ」と進言するわけです。そうしたら太宗も「ああ、そうやな」と認めるわけですよ（笑）。

渡部　諫臣も偉いけれど、太宗も偉い。これは面白いところですね（笑）。

忠誠心ある部下を育てられるかどうかはトップの器量にかかっている

渡部　次は、部下の忠誠心を育てるのは上に立つ者の態度いかんによるという話です。これも今に通用する人心掌握の方法といっていいでしょう。

貞観十一年に太宗が臣下とこんな話をするんです。「昔、狄人《てきじん》という蛮族が衛《えい》の懿公《いこう》を殺してその肉を食べ、肝だけを残しておいたということがあった。そうしたら懿公の家来の弘演《こうえん》という男が天に叫んで大声で泣き、自分の体を割いて肝を取り出して、残されていた懿公の肝を自分の腹の中に入れた」というわけです。

この話を取り上げたあと、太宗が「今の世に、こんな忠臣がいるだろうか」と問うたら、魏徴が答えるんですね。「それは君主が臣下をどのように待遇するかで決まります」と。

谷沢　そして例のごとく『史記』にある話を持ち出してくるんですね。

渡部　そうなんです。こういう話ですね。

昔、晋の予襄《よじょう》という人が主君である智伯《ちはく》のために復讐を志して、趙襄子《ちょうじょうし》という敵《かたき》を刺そうとしたんです。しかし予襄は襄子に捕まってしまう。そこで襄子がこう尋ねるわけです。

「お前は以前に范氏《はんし》・中行氏《ちゅうこうし》に仕えていたではないか。智伯はその両氏を滅ぼしてしまったんだぞ。それなのに、なぜお前は智伯に仕官して、滅ぼされた范氏・中行氏のために復讐しなかったのか。そして今、お前が智伯のために私に復讐しようとする。これはどういうことか」

するとと予襄がこう答えるんですね。

「確かに自分は昔、范氏・中行氏に仕えていましたけれど、二人とも私を普通の家来として待遇しました。だから私は、普通の家来並みのご恩返しをしました。ところが、智伯は私を国士として待遇してくれました。だから私は、国士としてご恩返しをするのです」

こうした故事を語って、魏徴は「主君が平素どのように臣下を礼遇しているかによって臣下の主君への忠義は決まる」と言うわけです。そして「君主が臣下の人物をよく見抜いて、優秀な臣にはそれに相当する礼遇をすることが何よりも肝要であります。そうすれば今の世の中でも、弘演のような忠義な家来を得られないことはありません」と忠言するんですね。

谷沢　君主の取り扱いいかんであるというわけです。有名な食客三千人という時代は、それぞれの食客をすべて均し並みに国士として待遇してくれたからこそ、いざというとき役に立ったんですな。

渡部　それから宇文化及《うぶんかきゅう》という隋の煬帝《ようだい》を殺した男がいるわけですけれど、この男は天子の寵愛を受けることが最も深かったのに反逆したと。これはなぜだろうと太宗が聞く場面がありますね。

それに岑文本《しんぶんぽん》という家来が答えています。

「君子は人から受けた恩をいつまでも忘れずに心に持っているけれども、小人というのは御恩を忘れずに持っていることができないものです。昔から君子を尊んで小人を蔑んだ理由もそこにあります」

小人というのは恩を忘れる動物であるから遠ざけることが大切です、と言っているわけですね。これもまたトップの器量にかかわる問題でしょう。

榎本武揚の書いた碑文に激怒した福沢諭吉の真っ当な理由

谷沢　今話に出た国士としての待遇というのは、戦国以来のシナの人物鑑定の一つの基準になっています。庶民ではない、士であるというところで一線を引いているわけですね。

渡部　「士《し》は己を知る者のために死す」という『史記』にある言葉は日本でも好まれますね。自分を理解してくれる人のためなら、命を投げ出してもいいと。

谷沢　その家に養われればその家のために死すとか、その職を与えられればその職のために死すといった文句もありますね。

それで思い出すのが榎本武揚《たけあき》です。榎本武揚は五稜郭《ごりょうかく》で降伏して、のちに明治政府の大臣になるでしょう。後年、五稜郭で死んだ人を悼《いた》む碑が三浦半島あたりにできたそうですよ。その碑に榎本武揚が「その職を与えられたらその職のために死す」と書いた。それを見て福沢諭吉が激怒したという話があるんです。

つまり、榎本武揚は徳川家の家臣でありながら寝返って新政府の大臣になった。そういう人間が徳川家に殉じた人のためにそんな言葉を書けるのかと言って、激怒したというんです。

渡部　福沢諭吉が怒るのも無理ない。怒って当然でしょう。

この『史記』にあるような主君の肝を自分の肝と取り替えるという例は極端ですが、そこまでいかなくても、上官がいいと部下が奮い立つというケースはいくつもありますね。たとえば、坂井三郎という飛行機乗りがいましたね。この坂井さんが台湾の台南航空隊員になったときの上官がよくて、「この人のために」と張り切って搭乗したというようなことが伝記に書いてあります。

だから上下関係ぐらいでも、あの人は自分のことを知ってくれているんだということがあれば、部下は張り切るものなんですね。

谷沢　その一方にはなかなか思うようにいかない例もあって、阪急電鉄の創業者小林一三《いちぞう》は、慶應を出てから三井銀行に入りますが、十五年間誰にも認められなかった。

渡部　あれは不思議ですな。

谷沢　今太閤《いまたいこう》と言われたあの大経営者の素質が誰の目にも映らなかったというんだからこれは面白い。

渡部　銀行家としての才能は優れなかったのかもしれない。宝塚をつくったりする才能とはちょっと違ったかもしれません。

谷沢　あの人は一生、日銭の入る仕事しかしなかった。だから約束手形とか小切手には関心がなかったそうです。

渡部　そういう例外もありますが、家来が主君に目をかけられると死んでも仕えるというのは武士の世界ではよくありました。ヤクザの世界でもあるじゃないですか。たとえば清水次郎長がそうですね。

山岡鉄舟《てっしゅう》が清水次郎長《じろちょう》に「お前はどうしてヤクザを統制できるんだ」と聞いたら、「私はどんなつまらねえ野郎でも人の前で怒ったことはありません」と言ったそうです。ヤクザになるような人間というのは、みんなから「お前は駄目なやつだ」と言われてきたわけでしょう。ところが次郎長は決してバカにしないし、人前で恥をかかせない。そこで「次郎長親分のためならば」と、こうなるんでしょうね。だから落ちこぼれみたいな人間ほど、ある意味では感激しやすいのかもしれません。

谷沢　一人前の人間と見做され、等身大に扱われていると感じたとき、自分が認められているという実感が湧きますからね。この「認められる」という喜びは何物にも替え難いものです。そこから考えて、人物の価値を認めるという眼力が、どれだけ大きな効果を生むかが推量されるでしょう。

「忠義の部下」と「良い部下」は同じではない、ではどこが違うのか?

渡部　部下を育てるということで言えば、「但《た》だ願わくは陛下、臣をして良臣と為《な》らしめよ。臣をして忠臣と為らしむること勿《なか》れ」という印象的な言葉が出てきます。これは貞観六年の話で、魏徴の言った言葉です。

「私を良い家来にしてください。忠義な家来にならせるようなことはしないでください」という意味なんですが、この言葉を聞いた太宗は首をかしげて聞き返すんですね。

「良い家来と忠義な家来はどこが違うんだ？」

それに魏徴は答えて言います。

「良い家来というのは後世からも尊敬されるような立派な名前を得て、お仕えした皇帝に聖天子の称号を受けさせて、自分も子々孫々まで家系が続いて絶えず、その幸福には限りがございません。忠臣というのは、一族を含めて皆殺しにされ、その仕えた君子は大悪虐に落ち込み、国も家も全部滅亡し、ただ忠臣であったという名だけが後世に残ります。このように、良臣と忠臣とは非常に違います」

これは素晴らしい言葉だと思いますね。

谷沢　ええ、そうですね。軽く聞き流せば逆説のようにも受け取れますけれど、泰平の世において名君に仕えるというのは、このような気概ですよ、と言ってるんでしょう。

渡部　「あの人は忠義の人だった」と言えばいいように聞こえるけれど、実際は自分の仕えた皇帝も滅び、自らの家もみんな殺されて滅んでしまったというわけです。それではいくら忠義であっても仕方がない。

だから、「あの人は良い家来だった。仕えた皇帝は聖天子と言われたし、あの人の家も子々孫々まで栄えたな」と言われるようにしてくれと魏徴は太宗に言っているわけです。

谷沢　魏徴らしいはっきりした言い方ですよ。この分類は現実に則した慧眼《けいがん》ですね。

渡部　これは日本で例を探せば、豊臣秀吉に仕えた加藤清正《きよまさ》なんかは忠臣だったかも知れませんが、のちに滅ぼされてしまったことを考えると良臣とは呼べないでしょうね。

谷沢　あぁ、そのあたりを見定めなければならないキー・ポイントでしょう。

人材登用の物差しはただ一つ、その人間が本当に役に立つかどうか

渡部　ここまで見てきたように、縁戚関係にとらわれないとか、前線で活躍した武将だけでなく後方支援を受け持った参謀のような人たちを取り上げるという太宗の人材登用の考え方の根底にあるのは、公平を第一としたものだったわけですね。国を安定させるために、どういう人材を登用したらいいかを常に考えていました。その意味では、能力を重視するやり方とも言えます。

しかし、徹底した能力重視は時として不満の種にもなるわけで、こういうこともありました。太宗が皇帝についた頃の話ですが、房玄齢がこう言ったんですね。

「陛下がまだ秦《しん》王であったとき、お側近くにお仕えしていた者で、いまだ適当な官職を与えられない者がいます。そうした者たちは、前の皇太子の建成《けんせい》や弟君の元吉《げんきつ》のお側に仕えていた者たちのほうが、自分たちよりも先に処遇されたことを恨んで

います」

それに太宗は、昔の例を引きながら、こう答えています。

「昔、公平であると言われる者は私心がなかった。丹朱《たんしゅ》と商均《しょうきん》は堯舜の実の子であるけれども、堯や舜は自分の子を廃して天子の位を伝えなかった。管叔《かんしゅく》と祭叔《さいしゅく》は周公の兄弟であるのに、周公は周室の安定のためにこの二人を殺した。そのように、万民に君たる者は、第一に天下ということを心に置いて、すべてに個人的な私情は抱かないものであると知った。

昔、諸葛孔明《しょかつこうめい》は『自分の心は秤《はかり》のようなものである。人のために、勝手に軽重をかけることはない』と言っている。まして自分は今、唐という大国を治めているのだから、なおさら依怙贔屓《えこひいき》などはできない。

自分もそうだし、お前たちもそうだが、衣食はすべて人民の労働によって生産されたものである。そう考えると、民の力はお上に奉仕しているのに、政府の恩沢はまだ民に及んでいない。

今、自分が賢明な人間を選んで用いる理由は、人民の生活を安定させようと願い求めるからである。人を採用するには、ただその人間が役に立つかどうかを問題にするだけであって、昔から自分に仕えていたかどうかではない。だから新人であるとか、昔なじみであるからといって、気持ちが左右することはあり得ないのだ」

実に理路整然としています。しかし、確かに筋道は通っていますが、普通の人であれば、やはり不満に思うでしょうね。

谷沢　それはそうですね。自分は前から仕えていたのに、後から仕えたやつが優遇されるのはどういうことか、となるでしょう。あらゆる君主がこのあたりの機微に直面します。太宗は故事先例を巧みに引いていますけれど、今すぐ当面する課題に対処してくれる者に対する依怙贔屓は人情の自然とも見做されますけれど仕様がない。

渡部　それどころか、太宗を殺そうとした側に仕えていたやつのほうが先に出世しているのはおかしいじゃないか、と当然思うでしょう。ところが太宗は、天下万民のために役立つかどうかを物差しにしているだけである、と言い切っているわけです。これは人材登用を考える場合のいい教訓ですね。

谷沢　秤が物の重さを量るように、自分は公平である、と。これは上に立つ者に大切な心がけではありますが、現実にはバランスをとるのがなかなか難しい。太宗のときだって、陰で悪口を言う輩《やから》もいたことでしょうな。

「悪口を真に受けない」ことは上に立つ者の絶対条件

谷沢　これは貞観の初年の話とありますが、讒言《ざんげん》悪口について太宗が臣下と語っています。魏徴が太宗の問いに答えて、「臣嘗《しんかつ》て古《いにしえ》より国を有《たも》ち家を有つ者を観るに、若《も》し曲げて讒譖《ざんしん》を受け、妄《みだり》に忠良を害すれば、必ず宗廟丘墟《そうびょうきゅうきょ》、市朝霜露たらん。願わくは陛下深く之を慎まんことを」と言っています。

つまり、「私が古来より国家を保有する者を見るところによると、道理に外れて悪口を聞き入れて、やたらに忠義な人を迫害すれば、宗廟は荒れ果てた丘となり、朝廷も市場も草が生い茂って霜や露ばかりになってしまいます。ですから、どうか陛下はこのことについて深く戒め慎んでいただきたいものでございます」という意味になります。要するに、讒言や人の悪口を聞きなさんな、と言っているわけですね。悪口を真に受けると国家が危うくなりますぞ、と。

渡部 これは今の経営者にも当てはまる教訓でしょうね。

谷沢 そうです。たとえば僕が誰かの悪口を言うと、それが何か耳よりなニュースであるというふうに吹聴する人が多いんですよ。悪口ほど面白いものはありませんからな。だから悪口を聞きなさんな、と。そしてあくまでも心根の正しい、優秀な人の言うことを聞かなければ駄目ですよと魏徴は注意しているわけですな。

渡部 それは大事なことですね。

谷沢 それから、こういう話もあります。これは杜如晦が太宗に言ったことですが、監察御史《かんさつぎょし》、いわば警視総監の職にある陳師合《ちんしごう》という男が「人の思慮には限りがあるから、一人でいくつもの職を兼ねるのはよくない」という文章を献じたわけです。

それを見て「これはわれわれを非難しているものです」と杜如晦は言うんです。

つまり、太宗が魏徴とか房玄齢とか杜如晦などの特定の諫議大夫《かんぎたいふ》を重要視することに不満を表明しているのだと。警視総監の目には、諫臣というのが皇帝の取り巻きに見えたんでしょう。

これに対して太宗がどう対応したかというと、「自分は極めて公平に天下を治めているのであって、房玄齢や杜如晦を任用しているのは、勲功のためではなく才能があるからである。陳師合は悪口を言って君臣の間を隔てようとしている」とはっきりと言って、陳師合を流罪にしているんです。これはなかなか厳しいやり方ですが、悪口を聞かないということは何遍も繰り返し言っていますね。

渡部　そうですね。

谷沢　だいたい世間で人が喜ぶのは悪口なんですよ（笑）。

渡部　人の口に門は立てられないというわけです。

自分を成長させてくれた部下を徹底的に大切にした太宗

渡部　貞観十年の話ですが、昔から高い位についているものが魏徴をねたんで、太宗にこんなことを言ったというんです。

「魏徴は細かくクドクドと何度も諫言を繰り返して、陛下がそれに従うまでやめません。これは結局、陛下を子供扱いしているのだと思います」

それに答えて太宗がこう言うんですね。

「自分は隋朝の高官の子供として生まれたので、若いときから学問などしないで弓と馬の術だけを好んでいた。それで隋が終わる頃に兵を挙げたとき、各地で戦争をして手柄を立てた。その手柄によって秦王に封ぜられてからは、父の高祖から特別にかわいがられるようになった。そういうわけだから、自分は政治の方法とか政策とかについては全然考えたことがなかったし、何もわかっていなかった。

その後皇太子になって、初めて宮殿に住むようになってから、将来天子になる責任を痛感して、世の中を平和にしたいと思い、自分の欲望に打ち勝って、よい政治を行おうと思った。そのときに、どうしたら国をよく治めるかということについてさまざまな意見を言う者があったが、魏徴と王珪《おうけい》の二人だけは、礼儀と道徳によって私を指導してくれ、私の人物を大きくしてくれた。

私は勉励努力して二人の指導に従ったが、それが私にとっても、天下のためにも非常に利益のあることを悟り、努力して実行してやめなかった。その結果、今日のような平和な安らかな唐の世の中ができたのである。これはすべて魏徴などの力によるものである。だから、特別に厚い待遇を与えて、その進言を聞き入れて従っているのは、私的な情からではないぞ」

谷沢　魏徴を徹底的に弁護しているんですね。

自分に諫言を呈して、よき帝王として成育させてくれた恩人であるというふうに感じているわけです。これは政治史上によほどありえない謙虚ですね。

渡部　それがわかっているんですな。これは経営の世界でもしばしばあることだと思いますね。自分が成長したときに、若かりし頃から助言をしてくれた人たちをどう扱うか。そのときの態度いかんが経営者の器を決めるように思います。

谷沢　その意味で、太宗と正反対なのが秀吉です。秀吉に天下を取らしめたのは黒田勘兵衛《かんべえ》なんですね。その黒田勘兵衛を最も恐れたのが秀吉なんです。だから天下を取らせた最大の功臣である黒田勘兵衛になら何万石でも与えてもよかったのに、秀吉は確か十三万石ほどしか与えていません。それも九州の小倉にね。

それで臣下の者が秀吉に「あの勘兵衛殿をあんなにわずかな石高《こくだか》にしたのはなぜですか？」と聞いたら「あいつに百万石でもやってみろ。天下を取られてしまうわ」と秀吉が言った（笑）。だから秀吉は、謀をめぐらして自分に天下を取らしてくれた家来に嫉妬しているんですよ。

ところが、太宗は魏徴に感謝している。その点が大きく違いますね。

渡部　秀吉論ということで言えば、確かに秀吉は偉い人だったと思うけれども、世界の大君主の物差しで測ると、ちょっと器が小さいんですな。死ぬときに、大名たちに「秀頼を頼みます、頼みます」と情けないほどに言うでしょう。アレキサンダー大王なんかは、そんなこと絶対になかったですからね。そういう意味では、秀吉というのは我々に近いんですな。

谷沢　特に晩年はそうですね。鋭気潑剌《はつらつ》としているときには、いくら嫉妬しても勘兵衛を大事にするわけですよ。ところが、いざ天下を取ると自分にとって一番役に立つ勘兵衛を遠方へ飛ばしてしまうわけですからね。

渡部　勘兵衛を石田三成ぐらいの地位に置くべきだったんです。

谷沢　そうすれば、その後の歴史も変わっていたでしょう。

第五章　現実を見失わないための心がけ

「木、縄《じょう》に従えば則《すなわ》ち正しく、君、諫《かん》に従えば則ち聖《せい》なり」

（どんなに曲がった木でも墨縄《すみなわ》に従って切ればまっすぐになるし、どんな君主であっても、諫言《かんげん》を呈する家臣に従えば聖なる君主になれるものです）　――王珪

すぐれたリーダーは必ず専門家の声に耳を傾けている

渡部　『貞観政要《じょうがんせいよう》』というのは年代順に並べられていないために話が前後してしまいますが、貞観元年に「君臣相遇《くんしんあいあ》ふこと、魚水《ぎょすい》に同じき有れば、則《すなわ》ち海内《かいだい》、安《やす》かる可《べ》し」と太宗《たいそう》が言っています。君子と家臣が相合うこと魚と水のようであれば国内は安泰であると。これはつまり、良き君臣の出会いが重要であるという話ですね。

これに対して諫臣《かんしん》の王珪《おうけい》が「木、縄《じょう》に従えば則《すなわ》ち正しく、君、諫《かん》に従えば則ち聖《せい》なり」と言っています。どんなに曲がった木でも墨縄《すみなわ》に従って切ればまっすぐになるし、どんな君主であっても、諫言《かんげん》を呈する家臣に従えば聖なる君主になれるものだと。

谷沢　そのとおりに立派な君主になったわけですが、それでも治世が長く続いた頃になると、魏徴《ぎちょう》が「陛下は最初のうちは大変謙虚で直言を聞くたびに喜びが顔にあふれていたけれど、この頃はお心が満足して得意げになってきました」と言っているように、どうしてもタガが緩んでくることがあったようです。するとそこで魏徴がまた締めにかかるわけですね。

渡部　そう言われても怒らないのが太宗の立派なところです。それは太宗自身、意識して努めていたようですね。

貞観五年に、こう言っています。「古来から皇帝というものは自分の感情に任せて喜んだり怒ったりして、喜んだときにはあまり功績もない者に恩賞を与え、怒ったときにはむやみに罰を与える。これは慎まなければならない」と。

そして、「世の中が乱れるのは皇帝がこういう無反省な行動をするからだ。だから自分は朝から晩までこれを心している。お前たちも情を尽くして必ず我を諌め続けろよ」と。

谷沢　えらいもんです。諫言を呼びこむための誘い水ですね。

渡部　これと同じようなことですが、弓の話というのが出てきますね。

太宗は非常に弓が好きで、自分は弓の名人だから弓のことならなんでもわかると自負していたんです。ところが、自分ではいい弓だと思っていた十数丁を弓づくりの職人に見せたところ、「いい材料じゃありません」と否定されてしまう。「この弓は木の木目が曲がっているから、矢はまっ直ぐに飛びません」と言われて、太宗はなるほどと感心するんです。

そこでまた学ぶわけですね。自分が得意の弓でも専門家に見せるとこれほど駄目なのか、いわんや政治においてをや。そして「自分は天子になって日が浅いから、政治については何もわかっていないに相違ない」と言っています。これは非常に自省的な言葉ですね。

谷沢　太宗自身も年中、諫臣たちを頭に浮かべながら、いろいろと反省していたのでしょう。諫臣の言ってくることをあらかじめ想定していた場合もあるでしょう。

渡部　専門家と自分のうぬぼれは違うことを悟ったわけです。自分は弓が得意で、それを駆使して天下を取ったんだから、見立てに自信があったはずです。しかし、専門家に見せると、この弓は駄目です、この弓も駄目です、この弓も駄目です、と言われてしまった。そこで自分が得意の弓でも専門家に見せればそんなものか、と。

ならば政治でも、俺がいいと思ってやっていても駄目なこともあるだろうから、お前たち、それぞれの専門家が躊躇《ちゅうちょ》なく忠言しろよ、というわけです。

この専門家を重んじるという精神は重要ですね。

谷沢　ええ。これは現代でも当てはまるでしょう。本当のリーダーは専門家の言うことをよく聴きますよ。ただし、その専門家というのにもピンからキリがあるから、本物の専門家であるかどうかを見定めなければならない。

その判断の基準は、実績があるかどうかでしょう。たとえばエコノミストならば、予言をして当たったことがあるかどうかを見ればいいわけです。

渡部　そのためには現場をよく知っていなければならないわけですね。いくら頭が良くても、現場体験のない人たちだけで考えていると誤ることになりかねません。

現場にいる人のほうが正確に状況を把握している場合が山ほどある

渡部　これは徳川時代がいつの間にか貧しくなった一つの理由だと思うんです。家康の頃は、商人と一緒に茶の湯を楽しんでいるんですよ。ところが、いつの間にかそういう習慣がなくなってしまった。経済政策を立てるときも、商売を何も知らない武士の意見でやるようになってしまったから上手くいくわけがない。

谷沢　まだ家光の頃までは、老中《ろうじゅう》と将軍が会話をしているんです。ところが綱吉の頃になると、老中でさえ将軍にものが言えなくなった。代わりに柳澤吉保《よしやす》が側用人という立場で幕政を操るわけです。しかし、上と下が隔離されると必然的に悪いことが生じるわけですね。

渡部　だから財政政策やるのに、商人の意見がぜんぜん入らないんです。幕末の頃に日本の金が海外に大量に流出しましたね。一番末端にいる人たちは、こんなことをやったら駄目だと知っていたんです。ところが上の人たちは、経済は町人のやることだと見下すような感覚だった。その結果として、失われた金の量というのは大変なものです。

谷沢　政治が上手くいっているかどうかということを一番敏感に感じるのは末端なんですね。

渡部　そうですね。まあ、バブルの頃も、末端のほうではもうバブルは終わっているという認識があったんですよ。土地を転がそうと思っても転がらなくなっているのがはっきりわかるわけですから。だから、そのまま黙っていれば自然と収まったものを、いきなり大蔵省の銀行局長が総量規制という愚策を発表したばかりに、一気にバブルがはじけてしまった。今もってその傷は治っていないですよ。

谷沢　飛行機のように軟着陸させないで、いきなり崖の上から突き落としたわけです。

渡部　実際に土地を転がしている人に意見を聞けば一目瞭然《いちもくりようぜん》だったんです。あの頃の話をよく聞くと、銀行でも末端の行員は土地を担保にお金を貸しても駄目だという認識だったようです。もう土地が売れなくなっていたし、資金が回転しないとわかっていたんです。ところが、バカな頭取がいる銀行は「もっとやれ、もっとやれ」と煽るばかりだった。

谷沢　その元凶は日銀なんですよ。一切文書化せずに、口頭の窓口指導で「不動産に貸しなさい」と言ったのは日銀ですからね。あのバブル崩壊の元凶は日銀です。

渡部　そういうようなことがありますから、君子の意見のみならず、事情をよく知っている専門家や現場の意見を絶えず聞く姿勢が重要なんですね。

ノウハウを大事にし、ノウハウに学ぶ姿勢がない集団は没落する

渡部　ソロモン沖の開戦のときに、こういう話がありましたな。駆逐艦《くちく》を食糧運搬のために使ったわけです。そのためにどんどん沈められた。ところが何回行っても沈められずに帰ってきた駆逐艦長がいるんです。

あるとき海軍省がこれから戦場に行く人たちを集めて、その艦長に戦場の状況説明をさせたんです。ところが、話し終えてから「どうしてお前だけが助かったのか。お前の駆逐艦だけは大丈夫だったのか」と聞きに来た司令官は一人もいなかったというんです。その艦長にしてみれば、沈められないコツを教えたいわけですけれども、上の司令官たちは聞こうとしない。これは実際にあった話です。だから、太宗の弓の一件は古い話でもなんでもないんです。

谷沢　建前だけが横行していて、実際の運営上のコツがないがしろにされたわけですね。その艦長はコツを心得ておったわけでしょう。

渡部　攻撃をかわすための工夫をしたんでしょうな。でも、それを聞こうとする司令官はいなかったというんですよ。

谷沢　今で言うたらノウハウですね。ノウハウを大事にして、同時にノウハウを学ぶという気持ちが行きわたっている場合は、その経営体は大丈夫なわけですよ。ところが誰もノウハウを大事にしないし、ノウハウを学ぼうとしなくなったとき、国は沈むわけですね。

渡部　しかし、上に立つ人間が末端の一番接触している人の声を聞くというのは、現実にはなかなか難しいですな。逆に言えば、だからこそ、それを大切にしているところは永続するとも言えるわけでしょう。

諫言を言う側も常に怠らず、地位に汲々としないことが大切

谷沢　君主が臣下を大事にする一方で、臣下もしっかりしなければいけないと魏徴が言う場面がありますね。

「家来も初めて任用されたときは心と力のあらん限りを尽くそうと思います。しかし古きになりますと、ただ地位官職を保全しようとだけ望みます。そういうことではなくて、どこまでも君と臣とがいつも怠らなければ天下が安くならない道理がありましょうか」

これは家来というものの考え方を太宗に話しているんです。

渡部　いつも同じように君主を諫《いさ》めるのは難しいということでしょうね。まだ十分信用されていないのに諫めれば、聞くほうは「俺の悪口を言っているのか」と不愉快になる。出過ぎたまねはするな、という話になるわけです。その反対に、信用されているのに諫めないと、これは〝禄盗人《ろくぬすびと》〟だと言うんですね。だから魏徴は、君臣ともに怠ってはいけないと言っているのでしょう。この君主にしてこの臣下ありの感がします。

谷沢　繰り返すようですが、こういうやりとりを読んでいると、本当にチャイナにこんな時代があったのかとびっくりしてしまいますね。

渡部　実に立派な話です。見方を変えると、これは皇帝と家臣の話としてではなく、上司と部下とか、亭主と妻の話として読むこともできますね。たとえば、部下が上司に諫言をする。あるいは妻が亭主に文句を言う。「私が言わなきゃ誰が悪口を言うんですか」っていうことがあると思います。

谷沢　まさに諫議大夫《かんぎたいふ》だ。

渡部　奥さんが諫議大夫というのは悪くないですね。

谷沢　そうです。諫議大夫であって看護婦であってね。つまり亭主の健康を管理できなくては女房ではない。突然の病で倒れる人があるでしょう。ああいう場合は必ずその前に徴候があったはずなんですよ。たとえば動脈硬化なんて、はっきり食べ物によってコントロールできるんだから。

渡部　家来が信用を得なければ皇帝に忠言してはいけないのと同じように、奥さんも看護ができるようでなければ忠言しちゃいかんと（笑）。

谷沢　しかし男というのは、外では自分の欠点を上司が指摘したとしても、そのときは穏やかに「何事もお勤めや」と思って納得するわけですよ。でも、家に帰って女房に同じことを言われるとね、これは腹が立つわけ（笑）。だけども、そこで腹が立つようでは亭主業は務まらないと、そう思わないといかんですね。

渡部　どんな悪口言われても許すところがあるとすれば、それは自分の体を気遣ってくれることがよくわかっている場合ですね。そういう妻なら信用してもいいけれど、そのへんの気遣いがなくて好き放題言うようなら離婚したほうがさっぱりしていいかもしれませんな（笑）。

すべてうまくいっているとき、諫言に耳を貸すのはなかなか難しい

渡部　貞観十四年にも魏徴が皇帝を諫める難しさを言っています。そのときも「私が古来の帝王の事跡を観察してみますと……」と切り出して、昔の例を出しています。それはこういう話ですね。

魏徴が言います。

「乱世を治めて皇帝が帝国をつくりはじめるときは、必ず自ら戒めて身分の卑しい者の意見も取り入れ、誠意のある正しい言葉には従っていました。けれども、天下が安定したあとはどうしても身勝手になるし、おべっかを聞くのが好きになり、正しい諫言を聞くのを嫌がります」

つまり、順境にいると諫言に積極的に耳を貸す姿勢がなくなってくるというわけです。これは多くの経営者にとっての戒めの言葉になるでしょう。

谷沢　そうですね。地位が高くなったのは自分が有能であるからだと思いがちですから。

渡部　それを説明するために、魏徴は漢の高祖《こうそ》と、その臣の張良の例を挙げるんです。張良《ちょうりょう》というのは漢の高祖の知謀の臣で、謀を帷幕《いばく》の中にめぐらせて千里の外に勝ちを決するというような傑物だったと言われている人です。

あるとき、天子となった高祖が長男を廃嫡して愛妾の庶子を立てようとするんです。そのとき、高祖の本妻の呂后《りょこう》が張良に「何とかやめさせてください」と頼むんですね。呂后にしてみれば、高祖の信頼厚い張良の言葉なら聞くに違いないと思ったわけでしょう。

ところが、張良はこんなふうに答えます。

「皇帝が苦労していた頃は私の策略を用いてくださいましたが、天子となった今は、自分の口先だけの弁論では、どうにも諫める方法がありません」

そう言って、この問題に立ち入ることを断るんです。つまり、皇帝というのは苦労しているときは下の者の意見を聞くけれど、偉くなってしまうと、張良のような人でも意見が言えなくなるということですね。

谷沢　そうなんです。張良にしてもう自分の出る幕ではないと悟ったわけですね。ただ、そういう余計なことをしなかったからこそ張良は命を全うすることができたわけですが……。

渡部　この故事を踏まえて、さらに魏徴は太宗に言うわけです。

「今の陛下の功徳の盛んなることは漢の高祖と比較しても、高祖など足元にも及ばないほどです。陛下が天子の位に就かれてから十五年、その徳は広く天下に行き渡っています。にもかかわらず、陛下は国家の安危に御心をかけられ、臣下が直言する道を開こうとなさっている。天下にとってこれほどの幸福はありません」

太宗を持ち上げつつも、謙虚でいることを勧めているわけですね。

するると太宗も偉いもので、「私は必ず天子にならない身分の低かった頃のことを忘れないようにしよう」と魏徴に言うわけです。

谷沢　それは太宗が創業の天子であるから言えることでもありますね。創業の苦労を知らない二代目以降になるとそれが言えなくなる。

渡部　そこが難しいところですね。

谷沢　太宗は貞観十六年に房玄齢《ぼうげんれい》たちに言っています。

「天子である自分は一日のうちに無数にある課題をただ一人で聞いて取りさばかなくてはいけない。だから、いかに心配して力を尽くしたとしても、どうして最善を尽くすことができるだろうか。いつも思うことは、魏徴は事ある毎に自分を諌め正し、それが多く我の過失に適中した。それは鏡が形を映して美も悪も残らず現すようなものであった」

だから皆にも「魏徴のように私を諌めてくれ」と求めたというんですね。これはトップリーダーの苦しみというものを感じさせる言葉だと思います。

天子の地位は永久ではないがゆえに、常に恐れ慎まなくてはならない

渡部　今の高祖と張良の話に関係しますが、貞観六年に太宗がこんなことを言っ

ています。

「朕《ちん》、敢《あえ》て天子の安きを恃《たの》まず。毎《つね》に危亡《きぼう》を思い、以《もっ》て自ら誡懼《かいく》し、用《も》って其の終《おわり》を保たんとする所以《ゆえん》なり」

自分は天子の地位というものは永久に安全なものだとは思っていない。だから常に危亡があるものだと思い、自ら恐れ慎んで、それで終わりをまっとうしようとしているのだ、というわけです。

太宗はこの教訓を漢の高祖から得ているんですね。太宗は、漢の高祖の立派な業績を認めつつも、その在位がもう数十年も長ければ漢は潰《つぶ》れたかもしれないという予測を立てています。

それはなぜかと言えば、今の故事にあったように、正妻の息子である皇太子を廃嫡して愛妾の子を皇太子にしようとしたり、あるいは張良とともに漢の三傑と言われ、建国の功労者である蕭何《しょうか》と韓信《かんしん》を理由にならない理由で殺すといった道理に合わないことをやっているからです。蕭何と韓信に対する高祖の非道を見た別の功臣の一人は、自らの身を案じて、ついには反乱を起こしているほどです。

そういう気ままなことをやっていれば、国が治まるわけはないと太宗は考えるわけですね。だから、あの唐という大帝国をつくった大皇帝が最後まで安心できなかったと。そして皮肉にも、太宗の悪い予測は間違っていなかったということが、すぐに証明されるわけですね。これは恐ろしいことだと思います。

谷沢　高祖にしても太宗にしても、ある面から見れば前王朝を倒した革命家なわけですよ。革命家というのは、新しい政権をつくると、それに功労のあった家来をすべて殺す――これがシナあるいはロシアに共通の原理原則なんです。たとえば明の太祖洪武帝《こうぶてい》（朱元璋《しゅげんしょう》）というのはその代表格でして、自分を総大将に立てともに反乱軍を起こして天下を取らせてくれた仲間をすべて殺しています。

そう考えると、漢の高祖のほうがシナの原理にはかなっていたと言えるかもしれない。むしろ、唐の太宗はシナの歴史に照らしてみてかなり異質な皇帝であったと言うことができるように思います。

渡部　なるほど。そういう見方もありますね。確かにスターリンはトロツキーを殺し、ヒットラーも突撃隊長を殺していますからね。

悪を悪と知るのはやさしいことだが、それを改めるのは難しい

渡部　諫言と言えば、悪を知るのはやさしいが、改めるのは難しいという有名な話がありますね。

これは太宗の側に侍っていた美人がいたわけですね。その美人は太宗が滅ぼした盧江王《ろこうおう》の愛する姫であったと。その姫を指して太宗が言うわけです。

「盧江王は無道な人で、ある男を殺して妻を奪ったのだ。そんな甚だしい暴虐を働いたから滅びてしまったのである」

それを聞いた王珪《おうけい》が聞くんですね。

「陛下は盧江王が他人の妻を奪い取ったのを是と思うのですか、非と思うのですか」

答えて太宗は言います。

「人を殺してその妻を奪い取るという以上の悪いことがあるだろうか。悪いに決まっているじゃないか。どうしてそんなことを聞くのだ」

すると王珪は『管子《かんし》』という本にこんなことが書いてありますよと言って引用するんです。こういう話ですね。

「斉《さい》の桓公《かんこう》が滅亡した郭《かく》という国の跡に行って、そこの人たちに聞いた。

『どうしてこの郭という国は滅んでしまったのか』

そこの人たちが言った。

『郭の王様は善いことは善いとして、悪いことを悪いとしたからです』

それを聞いた桓公が言った。

『それが本当ならば立派な王様である。どうして滅びることがあろうか』

その人が言うには、

『そうではありません。郭の君は、善を善としたけれども善を用いることができず、悪を悪としたけども悪を除くことができなかったのです。それで滅びたのです』」

この話を引用したうえで王珪は言うわけです。

「今、その婦人が陛下の側に侍《はべ》っています。私は、失礼ながら陛下の御心がその行為を是としているのではなかろうかと思いました。もし陛下がそれを非となさるならば、これこそ悪を悪と知って除かないというものではありますまいか」

これも言いにくいことですよね。明らかに皇帝が寵愛している女性のことを指しているわけですから。

谷沢　普通は言えません。

渡部　しかし太宗は非常に喜んで、その女性をすぐに親族に返したというのです。悪を悪として知っていたのに、自分はそれに目をつぶっていたとハタと気づくわけですね。ここは太宗の偉さを表すクライマックスだと思います。

自分の決断を「誤りだった」と反省し後悔する世界にも稀な皇帝

谷沢　同じような話が貞観五年にもあります。盧祖尚《ろそしょう》という者がおったんですね。

誰か推薦する人があって、太宗はこの人に官位を与えようとしたんですが、本人が辞退してしまった。それで太宗は盧祖尚を死罪に処するわけです。

しかし、あとになって悔いるんですね。「盧祖尚が任官を受けなかったのは人臣の礼には外れるけれども、即座に殺すべきではなかった。急ぎすぎたことに自分は心を痛めている。一度死ねば生き返ることはできない。後悔しても間に合わないことである。せめて子孫にその官職を継がせるがよろしい」と。

「綸言《りんげん》汗の如し」という時代に、太宗は自分が命令して殺したことを後悔しているわけです。一遍やったことを後悔するなんて帝王はどこにもいないですよ。ところが、太宗はこの場面に限らず、何遍も後悔しています。シナには実に珍しい話です。

渡部　そうですね。本当に世界的な名君といっていいでしょうね。

谷沢　恐らくヨーロッパでも比肩する人はいないんじゃないですか？

渡部　本当にそうです。しかも馬上天下を取った人ですからね。

谷沢　それがこれだけ謙虚な姿勢で、諫臣を集めて意見をよく聞いて、もっと戒めてくれよというんですから。

それから先にも話しましたけれど、太宗は天下の英雄ですから威厳があった。だから臣下は恐る恐る諫言してくる。そのときにできるだけ顔色を和らげて、態度を柔らかにしてじっと聞き入るということをやっているわけですね。そんなことは普通はあり得ない。

渡部　あり得ないですね。それも太宗の名君たるゆえんです。

「徳の高さ」という物差しによって国の寿命を考えていた太宗

渡部　それから「善を出せば栄え、悪を出せば滅びる」という話がありますね。周や秦が天下を得るプロセスに格別な違いはないけれど、そこからが違っている。つまり、「周はただ善を行うを努め、功徳を積み重ねたから七百年も続く基礎を築き上げることができた。秦は、贅沢放題にやり、刑罰を重くしたから、たった二代で滅びてしまった」と。だから「善を行う者は、その幸福を受ける年月が長く、悪を行う者は、その寿命が短いのではあるまいか」と太宗は考えるわけです。

この話は、周と秦という古代シナ大陸の北シナの代表的な帝国が長く続いたか短命で終わったかを王様の徳という観点から見ているところに非常に特徴がありますね。周の王は徳を積んだから国としての寿命が長かった。秦は一時的には強大だったけれど、王様が贅沢をして、また罰が重かったから短かったということなんですね。

別の場面でも同じような会話があります。昔から帝王を観察すると、慈愛の心、仁義、道徳をもって政治を行ったものはその国の運命が長いと言っています。一方、法律を重んじ、国家権力で人民を統帥したものは一時的には乱世を治めることはできるけれども、またすぐ駄目になる、と。

谷沢　これは太宗の一種の国家観と言ってもいいかもしれません。

渡部　また貞観六年には、自分はこういう話も聞いていると太宗は言っています。「(殷《いん》の) 桀《けつ》や (夏《か》の) 紂《ちゅう》は帝王ではあるけれど、地位も身分もない男ですら『お前は桀紂のような男だ』と言われれば、それを恥辱だと思う。また、顔淵《がんえん》や閔子騫《びんしけん》は地位も身分もないただの男だけれど、帝王に向かって『あなたは顔淵や閔子騫のようなお方だ』と言えば、それを栄誉だと思う」

つまり太宗は、身分とは別に「徳の高さ」という物差しがあることに気づいているわけです。そして自分もそうありたいと思って、こういうことを言うんです。

谷沢　すると今度は、魏徴が「私はこんな話を聞いています」と。

渡部　そうなんです。

「昔、魯の哀公《あいこう》が孔子に語って言うには『世の中には物忘れのひどい者がいて、引越しをしたときに妻を置き忘れた者がいる』。それを聞いて孔子が言いました。『それよりもっとひどい者がいます。私が昔の桀紂という王様の行いを見ますと、これらの王様は自分自身を忘れたために身を滅ぼしたのです』と」

そして、こういうことを念頭に置いていれば後世の人からも笑われることはありますまい、と魏徴は太宗に忠言するわけです。

谷沢　このあたりの太宗と魏徴の掛け合いは面白いですね。先にも言いましたが、とにかくチャイナで論を吐くときは必ず前例を持ち出さないといけないんです。太宗は昔の具体的な話を鑑として自らの行いを正しているし、諫臣たちも具体例をもって太宗に忠言していく。だから説得力がある。

渡部　そのために長く天下を治めながらも現実を見失わないで、要点を抑えた国家運営ができたわけでしょうね。そして、それは太宗という人にもともと備わった大君としての資質に加えて、魏徴をはじめとする清廉《せいれん》な諫臣たちの存在があって成し遂げられたということなのでしょう。

谷沢　何度も言いますが、世界史上の奇跡と言っていい話なんです。

誕生日とは母が苦労をした日、どうして喜べようか

谷沢　今の徳という話と多少は関連しているかもしれませんが、太宗ならではの傑作な話があります。これを紹介しておきたいと思います。

貞観十七年、太宗が周りの者にこう言ったというんです。

「今日は私の誕生日である。世間では誕生日を喜び、楽しむべき日としている。しかし私の心では、かえって感傷の思いをするのである。自分は天下の君となり、四海の富をわがものとしているが、親の養育の恩に対してお側にいて孝養を尽くしたいと思っても今は亡く、永久にすることができない。昔、孔子の弟子の子路が親の死後、親のために米を背負って歩くことができなくなったことを恨んだのは、誠に理由のあることである。だから『詩経』には『悲しいことに、父母は私を生んで苦労した』と言っている。どうして本来は母が苦労した日であるのに、それを喜んで楽しむことができようか」

誕生日というのは喜び楽しむ日ではなくて、むしろ自分を生んでくれた母の苦しみを静かに思いめぐらすべき日であると言っているわけです。

渡部　感情が細やかなんですね。

谷沢　ええ、そうですね。これは僕は傑作だと思いますね。こういう皇帝はちょっと例がないと思う。

渡部　東西に例がないでしょうな。だけども、いい独創ですね。

谷沢　ええ、実に清らかな独創です。
渡部　これは大変なことですな。しかし考えてみると、日本では誕生日を祝わないで命日ばっかり祝っていたんじゃないですか？
谷沢　あぁ、そうですね。
渡部　私の子供の頃に誕生日という観念はなかったですね。むしろ、今日はお祖母さんが死んだ日、今日はお祖父さんが死んだ日と、命日ばっかりでした。そのほうが太宗の感覚には合いますな（笑）。日本の習慣は恐らく仏教から来たんでしょうけども。
谷沢　斉藤茂吉《もきち》が自分を生んでくれた母の愛情ということを歌に歌ったもんですが、ひょっとしたら茂吉は『貞観政要』を読んでいたのかも知れません。芥川龍之介が、明治維新で日本が新しく生まれ変わった気分を初めて文学的に歌にしたのが斉藤茂吉であるというような褒め方をしているんですよ。
渡部　あぁ、そうですか。
谷沢　だから、やはり生んでくれたということに対する言葉に尽くせない感謝ということに共感を覚える人は少なくはないんですね。

渡部　誕生日を祝わないという日本の習慣がどこから来たのかわかりませんけれど、みんな亡くなった日を偲《しの》んでいたというのは、どうしてでしょうね？　太宗の影響というわけではないでしょうけれども、一度考え合わせると面白いですね。

この誕生日の話は太宗の人柄がよく伝わってくるいい話です。

君主はリアリストであるべし、迷信に振り回されては国家運営はできない

渡部　太宗は天候の不順すらも自らの責任にするという話が出ましたけれど、その一方で、迷信の類はまったく信じなかったんですね。貞観七年に襄州《じょうしゅう》の長官であった張公謹《ちょうこうきん》という人が亡くなったときの話を読むと、それがよくわかります。

太宗はひどく悲しんで、宮中から出て張公謹のために喪を発表したわけです。すると役人が「陰陽の占いの本によりますと、辰の日は死者のために泣いてはいけな

いとあります。これは世間一般でも忌み避けていることでございます」と助言するのですが、それに太宗は「情、衷《じょうちゅう》より発す。安《いず》くんぞ辰日《しんじつ》を避けんや」と答えています。

「君子と家来の間の情義というものは親子の場合と同じである。悲しみの情が心から起こって泣くのに、どうして辰の日を避けて別の日にすることができるだろうか」という意味ですね。それで、発表したとおりに、死者を弔って〝泣く儀式〟をやったというわけです。

谷沢　これは太宗の考え方の一つの表れですけれども、太宗は陰陽五行説のような抽象論はぜんぶ拒否しています。

渡部　その意味では「怪力乱心を語らず」と言った孔子に近いですな。オカルト嫌いなんです、太宗は。だから、オカルトをやったということで秦の始皇帝《しこうてい》や漢の武帝《ぶてい》を批判しているんですね。まさに啓蒙君主です。

谷沢　リアリストですね。太宗以後の歴史を見ても、帝王が道教の信者になったり、仏教信者になったり、あるいは仏教を弾圧したり……ということはいくらでも

谷沢　太宗は陰陽五行説のような抽象論は拒否しています。
渡部　「怪力乱心を語らず」と言った孔子に近いですな。

あるわけですよ。しかし太宗は儒教こそ尊重しましたけれど、それ以外の道教的なものは毅然とした態度で一切排除しました。

渡部　これは当時の皇帝としては偉いですよ。とにかく秦の始皇帝、漢の武帝といったら大皇帝ですからね。それをオカルトだと言って批判したんですから。

谷沢　日本の戦国時代にも同じような話があります。本当の大将というのは、占いで今日は出陣するのには日が悪いと出ても一切問題にしませんでした。つまり、戦略上勝てると思ってその日を選んだわけだから、かまわずに突進する。占いに出たからといって計画を変えてしまうような弱腰では、いずれ滅びてしまうわけです。

渡部　武田信玄の話がありますね。あるとき出陣式をやっていたら白い鳩が飛んできてお宮にとまったので、これは縁起がいいと、家来がみんな喜んだわけです。ところが信玄は鉄砲で鳩を打ち落とさせた。「どうしてこんなに縁起のいい鳩を射てしまわれたのですか?」と聞かれた信玄は「今度出陣するときに鳩が飛んで来なかったらどうするか?」と言ったという（笑）。そこまで考えるわけです。

今日はたまたま鳩が飛んできたからいいけれど、いつもいつも都合よく飛んでくるとは限りませんからね。だから縁起担ぎなんて端からしないと。そうやって出陣して、実際に勝っているんですね。

陰陽五行説の呪縛から逃れていたからこそ太宗は大皇帝となりえた

谷沢　これは貞観五年の話ですが、太宗の言うのには「陰陽の拘忌は、朕の行わざる所なり」。つまり、陰陽にかかわって何かを嫌がるということは、自分は行わないと。そして、こう言うわけです。

「もしすべての行動について陰陽を重視して道理を考えなければ、よい幸せを求めようとしても得ることなどできないだろう。行うところが皆、正道に従ったならば自然に吉に叶うのである。さらに言えば、吉凶というものは人の行いによるものである。なんで陰陽にかかわり忌む必要があろうや。農繁期は甚だ重要である。そのときに陰陽の理屈でもって民を導引してはならない」

これも珍しいですよ。のちの皇帝はむしろ陰陽五行説を重視しているくらいですから。

渡部　太宗は啓蒙君主なんです。シナ人でありながら陰陽から逃れることが必要だと言うのはすごい発想です。

谷沢　太宗はただ本当に天下のためになるかどうかを考えて、それを行動の基準にしたんです。だから完全なるリアリストなんです。

渡部　これはまったくの推測だけれども、あえて言うなら、太宗はシナ人を武力で治めたわけですね。たくさんの反乱を武力鎮圧したわけです。その反乱した相手はおそらく、みんな陰陽にこだわっていたと思うんです。そういう相手に対して、何もこだわらないという太宗の発想でやれば、これは断然有利ですよ。

谷沢　あとの時代になりますけれども、チャイナで初めて罪人の死体を使って人体の解剖をするときに、陰陽五行説に繋がっている人間の肉体の構造図と、実際に罪人の腹を割って開けてみたときの構造が違うわけですよ。

そのときに医者はどう考えたかというと、あくまでも正しいのは陰陽に基づいた構造図のほうで、これは罪人だから異様な内臓を持っているんだろうと考えたというんです。それほどにシナでは陰陽五行説というのにがんじがらめになっていたわけです。

渡部　日本で今でも陰陽五行説を担いでいるのを見たら、太宗はあざ笑うでしょうな。たとえば結婚式なんかでも、仏滅の日にやればホテル代でも安くできるわけですから。

谷沢　誕生日にしても、閏月《うるうづき》の二月二十九日を避けて出生届を出すのが流行っていますね。四年にいっぺんしか誕生日が来ないのはかわいそうやと（笑）。

渡部　結婚式を二月二十九日にやれば結婚祝いが四年に一度で済むと考える人もいますけれどね（笑）。要するに発想の転換ができるかどうかです。

谷沢　その根本にあるのが、迷信を信じるかどうかということでしょう。太宗という人は、オカルトを信用しなかったのと同じように、伝説も信用していないんですよ。貞観二年に「周公を先聖と為すを停め」とありますが、周公を聖人と見做すことをストップするんですね。

そして「はじめて孔子の廟を国都の学校に建て、古くからのしきたりの礼を考え、孔子を先聖とし顔子を先師とした」とあります。顔子というのは若くしてなくなった孔子の弟子の顔回《がんかい》のことですね。

さらに、「この年に大いに天下の儒者を招き、順序によらずに抜擢して官位を授け、宮廷に列するものが非常に多かった」とあります。

だから、孔子ですら信用しておった周公を信心することを太宗はストップするわけですね。要するに、あんなものは伝説であると。代わりに孔子や顔回を奉り、儒教を大切にしたわけです。

渡部　伝説に依拠して国家の運営はできないというわけですね。やはり現実をしっかりと見なくてはいけないということでしょう。これも太宗が啓蒙君主たるゆえんですなあ。

第六章　永続の工夫と実践

「古《いにしえ》より已来《いらい》、兵を窮《きわ》め武《ぶ》を極めて、未《いま》だ亡《ほろ》びざる者は有らざるなり」

（古来から、戦争を好み、必要以上に武力を用いたがために滅亡しない国はなかった）——太宗

後継者問題という永遠の課題に名君たちはどう答えを出したのか

渡部　貞観《じょうがん》十七年の話ですが、太宗《たいそう》が「子孫の時代になると乱を起こすものが多いのはどういうわけか」と聞きました。それに房玄齢《ぼうげんれい》が答えています。「幼い君主は宮殿の奥深くで育ち、幼い時から富貴の地位にいるから、世間の事情を知らないのだ」と。

しかし、それに対して太宗は反論していますね。「お前は君主の責任のように言っているが、自分は臣に責任があると思う」と言って。そして先にも出てきたように、手柄を立てた家来の子弟は祖先のお陰で高い地位にいるだけなのに贅沢をして徳義心が薄いと言うわけです。

つまり、子孫の代に世の中が乱れやすいのは、君主と家来の両方に問題があるということですね。

谷沢　さすがの太宗も、後年になってくると倅《せがれ》の問題で往生し始めるんです。要するに皇太子にも取り巻きができて、だんだん太宗の言うことを聞かなくなる。また、お付きの者も皇太子の悪口を太宗に言えなくなって、親子の関係が悪くなっていくんです。

渡部　褚遂良《ちょすいりょう》も相続の問題を取り上げていますね。貞観十六年に太宗が「国家にとって何が一番急務か」と臣下に聞くわけです。すると、ある人は人民の生活の安定だと言い、また別の人は四方の異民族を押さえることだと言う。あるいは林業を盛んにすることだと言った人もありました。

ところが褚遂良はこう言います。

「今の世の中はみんな陛下の人格を仰ぎ従っているから悪い行いをする心配はありません。ただ皇太子と諸王についてはぜひとも一定のルールをつくってもらわなくては困ります」

太宗は一番痛いところを突かれたんですね。次の皇帝を誰にするかは太宗の悩みでもありますから。

それでも太宗は褚遂良の言葉が一番正しいと認めて、自分はそれをちゃんとやろうと言うのですが、歴史を見ると、これはうまくいかなかったようですね。

谷沢　相続の問題について史上最も有名なのは清の康熙帝《こうきてい》の皇太子選びです。長男を皇太子に決めたら、みんな皇太子のところへ行ってちやほやして持ち上げるわけですよ。次の時代の皇帝ですから、今のうちに取り巻きになろうという魂胆です。それで康熙帝は涙を振るって皇太子を廃嫡《はいちゃく》します。ところが廃嫡したらとたんに誰も寄っていかなくなった。すると皇太子は何もできないから否応なしに品行方正《ひんこうほうせい》になる。それで根性が直ったと康熙帝は見て、もう一度皇太子にするのですが、また同じ問題が起きて、またもや皇太子を廃嫡します。

それでとうとう最後には、もう皇太子をつくったらあかんと考えて、次の皇太子を発表しないことに決めたんですね。そして、宮殿の玉座の後ろにある壁の向こう側に「次の皇太子は誰である」と書いて置いておくから、自分が死んだあとにそれを取り出して調べてくれと言うわけです。

最終的に王位を継いだのは雍正帝《ようせいてい》ですが、この雍正帝が皇位を継ぐにあたっては、後ろに隠してある紙を見に行く高官を買収して、自分の名前が書いてある紙とすり替えたという噂話もあるんですよ。

渡部 ありそうな話です。と同時に、いかに後継ぎの決定が難しいかということですね。

太宗も言っているんです。諸国の王になっている息子たちに正しい人物を補佐役につけてくれ。さらには同一人物が長年仕えてはいけない。長年仕えると必ず主君への情が強くなって野望を抱くようになるから、と。

谷沢 後継者選びは難しいですね。決めることも難しいし、決めないことも難しい。決めれば今みたいな問題が起こるし、決めなければお家騒動が生じますからね。これはもう永遠の課題です。

渡部 そうですね。

能力を問わず長子相続制を採用したのは徳川家康の工夫のたまもの

渡部　日本では近代になってから皇室の相続問題では大した騒ぎがありません。これは実権がなかったからでしょうな。

谷沢　独裁君主じゃありませんからね。独裁君主の場合には決定的な権力を持つから問題が起こるわけです。

渡部　だから徳川家康は長子相続制を厳格に決めてしまったんですね。それで八代将軍吉宗は長男が明らかなる痴呆《ちほう》であることを知り、弟のほうは稀《まれ》に見る秀才であることを知りながら、長男に相続させたわけです。結果的にそれで天下安泰《あんたい》だったのですが、これは平時だからできたことでしょう。

谷沢　吉宗も長男に継がせはしますけれど、いざという時のことを考えて御三卿をつくるでしょう。長男の跡が危ないということがわかっておったんでしょうね。

渡部　そうでしょうね。徳川家は相続では本当に苦労しています。家光のときも危なかった。家光と弟のどちらが継ぐか。そこで春日局《かすがのつぼね》が暗躍するわけです。

谷沢　明らかに弟のほうが可愛げがあったんですよ、家光より。家光は何かポカーンとしたタイプでね。

渡部　それで考え抜いた挙句《あげく》、家康は天下太平の世の中では能力云々を言ってはいけないと洞察する。それがすごいですねえ。能力で戦国時代を生き抜いてきた家康が、能力でやると喧嘩になるから生まれた順番で行こうと決めたわけですから。東照神君《とうしょうしんくん》がそう決めたから徳川家では長男を廃することはできなくなってしまった。

家康っていうのはほんとに天才だったと思う。自分は六十年間戦場にいて、たくさんの馬鹿な大将が上にいるために、それが滅びるのをずっと見てきたわけですよ。それなのに、天下が治まった以上は能力を問題にしては駄目だと言ったんですからね。

谷沢　だから能力だけで決めないで、いろんな順序、序列をつくった。それがよかった。ただし、家康の時代のときはあのような身分制度でよかったけれど、長い目で見ると、あれは日本人を矮小化《わいしょうか》しました。

渡部　ああ、それはそうですね。もちろん平和だからできた話です。だからペリーが来れば、もうもたないんですよ。

谷沢　最近、江戸時代は大変に文化が発達して日本の基本ができた時代であったと言って美化する動きがありますけれども、それは見方を変えれば、極端な身分階層制度で社会を固めなければ平和は保てなかったという面もあるわけです。

渡部　盆栽《ぼんさい》の美しさなんです。ちょっとでも大きくなったら、刈り込まなければ枯れてしまう。だから矮小になってしまった。矮小の美ですね。

谷沢　そう言っていいでしょう。

渡部　菊池寛《かん》が「徳川時代はいい時代だったかどうだったか」と聞かれたときに一言で言い切ったそうです。「いい時代であるわけがない。徳川時代というのは徳川家しか考えなかった時代だ」って（笑）。

谷沢　そのとおりです。

渡部　僕らも小学校のときに先生に言われたんですよ。徳川時代に鎖国なんかしなかったら今頃戦争をする必要はなかったんだって。「山田長政《ながまさ》はシャムの総理大臣みたいになっていたし、鎖国なんかしなければルソン島も台湾もあの頃から日本のものだったはずで、今どき戦争する必要なかったんだ」とね。

それを聞いたときは、なるほどと思いました。だから、僕らの世代は徳川家は全然いいと思わなかったんです。

谷沢　国外ですらそうですから、いわんや国内ではもっと締め付けがひどかった。新幹線に乗る度に大井川を渡るでしょう。そこでいつも思うんです。「箱根八里は馬でも越すが越すに越されぬ大井川」と詠《うた》われたように、あの川に橋を架けさせないというのは大変な圧政だったわけです。ほんとに強権としか言いようがないですよ。

渡部　それもすべて徳川家を続けるためですからね。菊池寛は鋭いですよ。要するに、徳川幕府というのは徳川家だけが大事なんです。だから徳川家を潰《つぶ》さないような政策をやったわけです。もしペリーが来なければ、まだ何十代だって続いたと思いますよ。これはまあ、成功の裏には必ず暗い部分もあるという話なんですけれど。

谷沢　ありますね。何もかも完璧な時代というものはあり得ない。

渡部　あり得ないでしょうねえ。

谷沢　小さな庶民の家であっても相続の問題ではいまだにもめますからね。

渡部　もめますねえ。一人っ子であれば簡単だけどね。

谷沢　だから明治民法が家督《かとく》相続というのをつくったのは、これは過渡期としてはどうしても仕方なかったわけですね。

「いかに王朝が長続きするか」を第一に考えた太宗と家康

谷沢　時代が前後するんですが、唐の太宗は、即位するなり弘文館《こうぶんかん》という学校をつくるんですよ。出版社の吉川弘文館というのはここから名前をとっているんですね。この弘文館に学士、つまり優秀な学者、儒学者を集めて研究させるのですが、そこへ太宗は出かけていって、古代の経典について討論したり、政治上の問題を相談したり協議したりするわけです。

だから弘文館というのは太宗がつくったアカデミーなんです。アカデミー・チャイニーズなわけですね。

ところが、のちの皇帝は、学者を軽視して遠ざけるんです。大事にはするけれども、本心はうっとうしいわけですね。太宗は逆に出かけていって、まるで同僚みたいな討論会をやるというのですから、学問振興にも誠に熱心であったわけです。

渡部　この弘文館はおそらく家康にも関係ありますね。家康も足利学校を保護しています。家康が出版に熱心だったということは、もっと強調されてもいいですね。

谷沢　そのとおりです。出版史に駿河版の功績は欠かせない。

渡部　その手本が太宗にあったのだと思うんですよ。とにかく太宗が他の皇帝と違うところは、どうしたら王朝が長く続くかということを一所懸命考えたということでしょう。

谷沢　太宗はそればっかり考えています。家康もその点は共感したでしょうね。

だから家康も、死ぬまで徳川家がどれだけ続くかということだけ考えていた。
家康はご存じのように天ぷらに当たって亡くなるわけですが、亡くなる直前に遺言のようにして「ざっと済みたり」と言うんですね。だいたい日本の天下の統一を〝ざっと〟やったけれど、まだ完成していない。だから残った連中が後を継いで、より安定させてくれと。家康は完全に天下を統一して平定したとは思っていなかったのでしょう。
唐の太宗もずっとそれを思っています。確かに天下はとったけれども、いつまで続くやらわからんという。

渡部　こんなにあとのことを心配した皇帝はいないですな。これはやはり秦の始皇帝を見て、隋の煬帝《ようだい》を見ているからでしょう。どちらも二代で潰れていますからね。つまり歴史に学んでいるわけです。そして家康もまた、信長、秀吉と二代続かなかったのを見ている。

谷沢　天下を統一しても一代で潰れたら本当の統一にはなりませんものね。

戦いの天才が考えた
国家保全の最も合理的な方法

谷沢　それから太宗が言うのには、国家の保全の方法として「戦を忘るれば則《すなわ》ち人殆《ひとあやう》し」。つまり軍備を怠って無防備のまま国民を侵略の危険にさらしておくことは敵に打ち勝つ方法ではない。だから武備、武装をまったく除いてしまうことはよろしくない。また「戦を好めば則ち人凋《ひとちょう》す」。つまり戦いを好んでいつも兵を用いるということもよろしくない、と。

武技は必要であるけれども無理してはいけないという論理ですね。

渡部　戦争は否定するけれど、しかし武技を怠ってはいけないと言って、『論語』の言葉を引いています。即ち「教えざるの人をもって戦うは、是《こ》れ之《これ》を棄《す》つと謂《い》う」と。これは「訓練もしないまま人民を用いて戦争するのは、人民を投げ捨てるようなものだ」という意味になりますね。

だから農閑期に軍事練習はさせなきゃならない。しかし戦争はすべきでない。非常にバランスのとれた主張をしています。

谷沢　兵を動かさずに威力を及ぼして相手が臣下の礼を求めてくるのを待つ、というのが太宗のやり方なんです。これは魏徴の勧めに太宗が従ったわけですが、それで実際に嶺南《れいなん》という今の広東省のあたりの地方を平定しているんですね。だから太宗も「兵を労せずして定めることのできたのは、十万の軍勢に勝るものである」と。戦の名人の太宗が戦争を否定しているというのが面白いね。

渡部　百戦百勝の太宗が言っているわけですからね。でも、それにはちゃんとした理由があるわけですね。つまり、太宗は自分の目で、戦争をやって潰れた例をたくさん見ているわけです。

たとえば、前秦の苻堅《ふけん》という王が自分のところの兵力の強いのを頼みにして晋国を併呑《へいどん》しようと百万の大軍を興したけれども、一度の大会戦に大敗して国が滅んでしまった。

あるいは隋の煬帝も高麗《こうらい》を征服したいと思って、毎年、毎年多数の人民を戦役で苦しめたために、人民たちは積もる恨みに耐えずして各地で反乱を起こして、そして最後はつまらぬ臣下に殺された。

突厥《とっけつ》の頡利《けつり》というやつは何度も唐に侵入してきたけれど、そのために突厥の集落は疲れ果てて、結局滅亡してしまった。

谷沢　そういう事実を自分の目で見ているから、容易に軍隊を派遣することはできないというわけですね。しかし、これほどスイッチを切り替えた君主というのも珍しいですよ。その逆は漢の武帝《ぶてい》で、これはなんぼでも戦争をして領土を広げようとしたわけです。

戦争を好み、必要以上に武力を行使して滅びなかった国はない

渡部　何しろ隋を最終的に滅ぼしたのは太宗自身ですからね。学んでいるわけですな。だから貞観四年には「古《いにしえ》より已来《いらい》、兵を窮《きわ》め武《ぶ》を極めて、未《いま》だ亡《ほろ》びざる者は

有らざるなり」とも言っていますね。「古来から、戦争を好み、必要以上に武力を用いたがために滅亡しない国はなかった」という意味です。

これは林邑《りんゆう》国という、今のベトナムあたりから来た文書の文言が無礼であると怒った役人が「討伐しましょう」と上奏したことに答えたものです。

そんなことは気にするまでもない、と太宗は言うんですね。険しい山を越えなければならないし、それより林邑国なんて遠方まで遠征すると大変な目に遭うぞと。自分の愛すべき兵士たちが悪い病気に倒れたら、たとえ蛮族を打ち滅ぼしたとしてもその損失を補うことできない、と言っています。

これを読んだとき、私は秀吉を思い出しました。秀吉は、明の使節の無礼に怒って異国に兵隊を何十万も送るわけですが、これは責任あるリーダーのやることじゃありませんね。

谷沢　結局、それで家康に利益を与えるようなことになった。諸侯《しょこう》が豊臣の時代は続いてほしくないという気分になるのを、家康はじっと我慢して見ておったわけですね。だからあのときに一番喜んだのは家康じゃないでしょうか。

渡部　そうでしょうね。

勝てる戦いと和睦、両方の可能性があるならばどちらを選ぶか

谷沢　それから貞観十六年、太宗はこう言っています。

「北方の蛮族《ばんぞく》は、昔から代々中国本土に侵入して乱暴を行っている。今、延陀《えんだ》（鉄《てっ》勒《ろく》の一部族の名）は極めて頑強である。ぜひとも早期にこれに対する処置の計略を考えなければならない。そこで我がよくよく考えるに、ただ二つの方策がある。

十万の精兵を選び、これを撃破し、捕虜にし、中国本土にあだをなす悪者どもを全部残らず掃いのける。これならば今後百年間は平穏無事であろう。これが一つの方策である。

もう一つの方策は、もし彼のほうから和親を望むように仕向けることに成功したならば、彼と縁組みをしよう。我は天下万民にとっての父母である。かりそめにも

万民に利益を与えることができるならば、どうして一人の娘を惜しむことがあろうか」

和睦の道があるならば、民のためになんとしてもそれを選ぶというわけです。

渡部　蛮族というのは、太宗にとっても頭の痛い話なんですね。だから蛮族に対して二つ道があると。一つは大軍を興して全部潰す、もう一つは自分の娘をくれて親類関係を結ぶ。自分の娘から子供が生まれれば自分の孫になるから、戦争にもならないだろうというような感じですね。

谷沢　そうですね。戦国の世に特有の発想です。

渡部　繰り返しになりますが、百戦百勝の戦争の名人がそう言っているところが面白い。

属国になりたいという申し出を「警備が大変だから」と断った太宗の英断

渡部　さらに極端な例を挙げると、こういう話がありますね。貞観五年ですが、康国《こうこく》という、今のウズベキスタンあたりにあった国が唐への帰属を願い出たわけです。そのときの太宗の答えが面白いんですね。

「前の帝王は、非常に領土の拡大に努め、それによって自分の死後におけるうわべだけの名声を求めようとした。しかし、それは帝王自身に少しも役立たないだけでなく、それによって人民は非常に苦しい目に遭った。

仮に帝王自身に利益があったとしても、一般の人民に損があるようならば、自分は決してそんなことはしない。

康国が唐に帰属すれば、もし康国に何か事件が起こったときに救わないわけにはいかない。そのために遠いところまで軍隊を送ることになれば、どうしても人民を苦しめることになってしまう。人民を苦しめて、自分の国を大きくするようなことは、我の望むところではない」

そう言って、家来になりたいという国に対して、その申し出を断っているんです。

谷沢　なんぼ向こうが頭を下げておっても、安保条約を結んだらこちらの大きな負担になるということですな。

渡部　そういうことなんです。今アメリカがイラクの処理で困っているのは、太宗の教えの正反対をやったからですな。

谷沢　そのとおりです。イランとイラクが戦争をしたときにはイラクに味方して、今度はフセインが増長したというのでイラクにピンポイント攻撃をする。矛盾しているわけです。やることに一貫性がない。

渡部　日本も朝鮮合併をしたときに、すぐに軍隊を増やさなければならなかったんですよ。朝鮮合併ほど間尺に合わない話はなかったと思います。

谷沢　あのとき伊藤博文《ひろぶみ》は反対したんですよ。

渡部　反対したんですね。

谷沢　表には現れていませんけれども、軍部の発言権が強くなっておった。陸軍の親玉《ボス》であった寺内正毅《まさたけ》が初代の朝鮮総督になっていきますからね。

渡部　それにまた朝鮮の皇帝が往生際が悪くて、いろんな陰謀をやった。それで、武力で制圧してしまえというような意見になったんだけれども、唐の太宗だったら「こんな国を合併したら守ってやらなければいけないから人民が苦労する」と言ったでしょうな。

谷沢　石橋湛山《たんざん》が朝鮮を合併してからの収支決算票を『東洋経済新報』に発表しまして、ぜんぶ赤字であると（笑）。

渡部　鉄道をつくって、発電所をつくって大学や小学校をつくって、ハングルまで教えてあげたんですから。さらに朝鮮を守るために二個師団増やさなければならないとか、とんでもない負担がきたわけですよ。そこからさらに、朝鮮を守るためには満洲も安定させなければならんというような話になってきた。だから、あのときは朝鮮はそのままにしておいて、その金で自由になる港だけ確保しておけばよかったと思うんです。

イギリスがそれをやったわけですね。イギリスもフランスに広大な領地を持っていて酷い目にあった。それで、ヨーロッパ大陸の領地は捨ててしまった。それがきっかけになってイギリスは大帝国の道に進むんです。大陸を捨てたことで余裕ができたんですね。

谷沢　日本も百済《くだら》をほとんど領地にしておったわけですからね。それのため、結果としてはマイナスになった。

渡部　そして百済を捨てたことによって、平安朝というい時代が来るわけですね。

谷沢　そういうことですね。

渡部　だからこの太宗の教えは、嚙み締めるほど歴史の教訓になりますね。

最後の最後で房玄齢の遺言を無視した太宗痛恨のミス

渡部　しかし、これだけ偉大な皇帝にして、最後に過ちを犯してしまうわけですね。

谷沢　貞観二十二年、もう晩年の話ですね。房玄齢《ぼうげんれい》が病床に臥して、危篤に瀕していたというんです。それで集まってきた子供たちにこう言うわけです。

「当今は、天下が平和によく治まり、万事みなうまく行っている。ただ陛下は高麗征伐をなさろうとしておられる。これを停止しなければ、きっと将来国家の害となるであろう。私が、それを知りながら言わないでおいては、心に恨みをいだいたまま死ぬと言うべきである」

それで、とうとう上表文を奉って太宗を諫《いさ》めたというわけです。

「私はこういう言葉を聞いております。『兵器というものは納めしまわないのを憎み、武は戈《ほこ》を止《とど》めるのを貴《たっと》ぶものである』と。ただ今の御時世は、陛下の徳化の及ぶところ、いかなる遠方でも到達しないところはなく、上古において臣としなかった国も、陛下はすべて臣となされ、制御できなかった異民族もすべて制御なされました」

高麗もいずれはそうなるんだから今は兵を動かすべきではないと、房玄齢は太宗を諫めているわけですね。房玄齢の上奏文には、こうあります。

「高麗というのははるか遠い辺境の卑しい異民族であります。仁義の道を以て待遇する相手ではなく、帝国の礼儀を要求すべき相手でもございません。古来、魚やスッポンと同様にあしらっていたものでありますから、少々の無礼がございましても大目に見て、見逃してやるのがよろしいと存じます。

もしその一族を皆殺しにしてしまおうとお思いになりますならば、獣でも追いつめられればつかみかかってきますから、高麗も必ず頑強に抵抗することになるでしょう。私はそれが非常に心配でございます」

要するに窮鼠猫《きゅうそねこ》を嚙むということにならないように、という注意をしているんです。

渡部　しかし太宗にして、晩年になるとやりたくなるんですな。

谷沢　なるんです。だからそれを房玄齢は遺言のような形で諫めるんですが、結局、太宗は高麗征伐をやってしまうんですよ。

渡部　そうなんですね。難しいもんですな。これだけの皇帝でも、最後はあれほど信頼した諫臣の言うことを聞かない。

谷沢　そして高麗征伐で失敗し、皇太子問題で失敗するんです。これだけの人物であっても、二十四年間も在位すると、どうしても勘《かん》が鈍ってくるんですね。それはそれでまた教訓ともなるわけですけれど、永続の難しさを感じないわけにはいきません。

渡部　魏徴の言うように、いかなるときにも自らを慎むことを忘れてはならないということですね。

谷沢　二十四年間も在位すると、勘が鈍ってくるんですね。
渡部　自らを慎むことを忘れてはならないということです。

繁栄を支えるのはリーダーのたゆまぬ努力と工夫にある

渡部　最後にまとめとして、『貞観政要』から現代のリーダーが学ぶべきものは何かということを考えてみましょうか。

谷沢　第一には、自分の配下が告げる悪口に重きを置くなということですね。第二には自分を諫めてくれる者を大事にしろ。それから第三には自分を支えてくれた手柄のあった者を優遇しろ。これが太宗の理想とした政治ですよね。

渡部　私の結論も似たようなものですけれど、ただただ感嘆するしかないほど太宗は立派ですね。しかしシナという国では、太宗ほどの名君の出た唐ですらも、その死後間もなく帝国が奪われてしまうわけです。ところが太宗の教訓を活かした日本では、北条でも、足利でも、徳川でも長く続きます。徳川が十五代続いた知恵がまさにこの『貞観政要』にはありますね。

谷沢　とにかく自己過信をしないこと。今の日本は自己過信が多すぎます。みんな、自分になんか潜在的な才能があるように思い込んでいる。その自尊心があるから、逆にいじめられるとすぐに自殺しようかと、こう簡単に考えるんですよ。だから自分自身にそんなに才能があるわけではないけれど、時節に従って社会的な条件が整えば能力が発揮できるかもしれない。すべては社会的環境次第であるという程度に考えておれば、いくらいじめられても反発できるはずです。

渡部　私は太宗の一番偉いところは成功体験をアウフヘーベン（止揚）するという発想があったことだと思うのです。太宗は武力で天下を取りましたが、馬上天下を治むべからずということをよく知っておったんですね。そして、そのための工夫として、元来は自分の敵側だった皇太子の家来である魏徴を取り上げて諫議大夫として用いた。これはすごいことです。

谷沢　本当に奇跡としか言いようがないですね。

渡部　大変な工夫です。

また家来のほうから言えば、組織においてはトップが偉くなければ家来は偉くなりようがないんですね。魏徴にしても、殺されなかったのはトップである太宗に耳を傾ける姿勢があったからです。

谷沢 組織においては一も二にもトップの責任が大きいですね。これだけたくさんの上奏文が太宗によって受け入れられたというのも大変なことです。それは不思議と言ってもいいくらいです。

渡部 太宗の度量の大きさですね。さすがに歴史に名を残す名君だなという感じがします。太宗は絶対に部下に責任を求めません。すべて自分の責任で受け止めている。これは今の世の中のトップリーダーにも不可欠な条件でしょう。

おわりに

このたび、私たち二人が愛読する『貞観政要《じょうがんせいよう》』の価値を広く知っていただけるよう、かねての思いを対談のかたちで吐露する機会を得たのを大いなる喜びとし、一貫してお世話いただいた致知出版社の皆様に厚く御礼申しあげる。

『貞観政要』は、世界を見渡しても類例のない希有《けう》な著作であるけれど、今まで実際にはその内容が完全なかたちで読解できなかった。呉兢《ごきょう》という篤実な歴史家が、再度にわたり、精魂こめて叙述した折角の名著も、昔から特定の経書以外の写本を粗末に扱うチャイナの習慣によって大切に伝承されなかった。

それゆえ木版の時代に入っても、底本《そこほん》の選択に注意深さが欠けていたため、彼の国で行われている流布本には錯綜誤脱が多く、容易に読解しにくい難本として重視されていない。清家瑩三郎による『唐の太宗』（昭和九年）をはじめ、唐代を扱ったすべての史書において、『貞観政要』がまともに読めなかった時代的制約による。

この間の事情に着目した原田種成《たねしげ》（諸橋徹次編『大漢和辞典』の重要な執筆者）は、我が国に古くから渡米し伝承されてきた『貞観政要』の古写本を遍く探索し、複雑にして困難な書誌学的操作を経て、漸《ようや》く呉兢《ごきょう》による原本にさかのぼって校合した定本を作成し、それを一般向けには明治書院刊行の『新釈漢文大系』における上下二冊本として公開し、全篇にわたる詳しい注釈を加えた。その緻密な研究過程は『貞観政要の研究』（昭和四七年）にまとめられている。

原田種成によるこの貴重な研究によって、私どもははじめて正確な『貞観政要』を読むことができるようになった。現今の私たちが容易に入手し得る明治書院版『貞観政要』は単なる復刻に非ずして、原田種成によりやっと蘇生した原本近似版である。今まで誰にも読めなかった『貞観政要』が、長い年月を経て、漸くはじめてその姿を現したのである。書名だけ知られるのみで、今まで読解できなかった『貞観政要』は、原田種成の容易ならぬ尽力によって、遂に、読める古典、として息を吹き返したのである。名のみ高うしてその実体を読みこなしえなかった古典が、遂に私どもの読書範囲に飛び込んできた。古典研究史上、比べるもののない貴重な成果である。

私たちふたりは、この類いなき卓抜した貢献を、更に一般の方々に、その内容を明細にお伝えすることができるのを、非常な心踊りをもって提示する次第である。

平成二十年四月

谷沢永一

著者略歴

谷沢永一（たにざわ・えいいち）　昭和4年大阪府生まれ。32年関西大学大学院博士課程修了。関西大学文学部教授を経て、平成3年より名誉教授。文学博士。専門は日本近代文学、書誌学。社会評論でも活躍。著書に『人間通になる秘中の名言』（PHP研究所）『人間通』（新潮社）『いま大人に読ませたい本』（致知出版社）など多数。共著に『三国志』『修養こそ人生をひらく』（いずれも渡部昇一氏との共著、致知出版社）などがある。

渡部昇一（わたなべ・しょういち）　昭和5年山形県生まれ。30年上智大学文学部大学院修士課程修了。ドイツ・ミュンスター大学、イギリス・オックスフォード大学留学。Dr. phil., Dr. phil. h. c. 平成13年から上智大学名誉教授。幅広い評論活動を展開する。著書は専門書のほかに『歴史に学ぶリーダーシップ』『幸田露伴に学ぶ自己修養法』など多数。近著に『渋沢栄一――男の器量を磨く生き方』『四書五経一日一言』（いずれも致知出版社）などがある。

上に立つ者の心得
『貞観政要』に学ぶ

平成二十年六月十九日第一刷発行
平成二十年七月十一日第二刷発行

著　者　谷沢永一・渡部昇一
発行者　藤尾秀昭
発行所　致知出版社
〒107-0062 東京都港区南青山六の一の二十三
TEL（〇三）三四〇九―五六三二
印刷・製本　中央精版印刷
落丁・乱丁はお取替え致します。　（検印廃止）

ISBN978-4-88474-817-3 C0034
ホームページ　http://www.chichi-book.com
Eメール　books@chichi.co.jp

『致知』には、繰り返し味わいたくなる感動がある。繰り返し口ずさみたくなる言葉がある。

私が推薦します。

稲盛和夫 京セラ名誉会長

人の心に焦点をあてた編集方針を貫いておられる『致知』は際だっています。

鍵山秀三郎 イエローハット相談役

ひたすら美点凝視と真人発掘という高い志を貫いてきた『致知』に、心から声援を送ります。

北尾吉孝 SBIホールディングスCEO

さまざま雑誌を見ていても、「徳」ということを扱っている雑誌は『致知』だけかもしれません。学ぶことが多い雑誌だと思います。

中條高德 アサヒビール名誉顧問

『致知』の読者は一種のプライドを持っている。これは創刊以来、創る人も読む人も汗を流して営々と築いてきたものである。

村上和雄 筑波大学名誉教授

『致知』は日本人の精神文化の向上に、これから益々大きな役割を演じていくと思っている。

渡部昇一 上智大学名誉教授

『致知』は修養によって、よりよい自己にしようという意志を持った人たちが読む雑誌である。